KT
Kaiser Taschenbücher
137

Renate Wind

Befreiung buchstabieren

Basislektüre Bibel

Chr. Kaiser

Originalausgabe

Die Deutsche Bibliothek – CIP-Einheitsaufnahme

Wind, Renate:
Befreiung buchstabieren: Basislektüre Bibel / Renate Wind. –
Gütersloh: Kaiser, 1995
  (Kaiser-Taschenbücher; 137)
  ISBN 3-579-05137-7
NE: GT

ISBN 3-579-05137-7
© Chr. Kaiser / Gütersloher Verlagshaus, Gütersloh 1995

Umschlaggestaltung: Ingeborg Geith, München, unter Verwendung
der Vignette *La Iglesia de los Pobres,*
aus Paul Gerhard Schoenborn, »Kirche der Armen«,
© 1989 Peter Hammer Verlag, Wuppertal.
Gesamtherstellung: Clausen & Bosse, Leck
Gedruckt auf chlorfrei gebleichtem Werkdruckpapier
Printed in Germany

Inhalt

Vorwort

Alle Texte haben eine Geschichte, auch die, die auf den folgenden Seiten »Befreiung buchstabieren« wollen. Die meisten entstanden Mitte der 8oer Jahre und sollten all denen in der Friedens- und Solidaritätsbewegung, für die Religion nichts als »Opium des Volkes« war, begreiflich machen, daß sich ChristInnen in ihrem Engagement für Frieden und Gerechtigkeit auf die Bibel berufen können. Die Kapitel, die damals über die Bibel, »ein Buch von Menschen für Menschen«, entstanden, wollten Basisinformationen zur Bibellektüre formulieren, den Charakter biblischer Texte erklären und die in ihnen angelegten emanzipatorischen Tendenzen deutlich machen. Aus diesem Grund sind die Texte so geschrieben, daß man kein theologisches Vorwissen braucht, um sie zu verstehen. Das hat schließlich auch dazu geführt, daß sie als »Basislektüre Bibel« in Schule und Gemeinde Eingang fanden. Dort werden solche Texte auch weiterhin gebraucht. Daher ist dem Gütersloher Verlagshaus für die Bereitschaft zu danken, sie in überarbeiteter und erweiterter Form der Öffentlichkeit wieder zugänglich zu machen.

Texte, die eine Geschichte haben, sind keine zeitlosen Produkte. Sie müssen überdacht, ergänzt und fortgeschrieben werden. Drei Kapitel sind neu hinzugekommen, über Gott und die Welt, Männer und Frauen und über Kontexte der Befreiung. In ihnen wird deutlich, daß das Nachdenken über biblische Traditionen der Befreiung ein lebendiger Prozeß ist, der die Erfahrungen gelungener Emanzipation ebenso reflektiert wie das zeitweilige Scheitern von Befreiungsbewegungen. Hier gewinnt die Lektüre biblischer Texte eine besondere Aktualität. Gerade in Krisen und Niederlagen hat man sich dort am nachdrücklichsten an Befreiungserfahrungen erinnert und aus ihnen neue Perspektiven und Hoffnungen für die Zukunft gewonnen. In dem hartnäckigen Glauben, daß das Leben stärker ist als der Tod, sind die alten Befreiungstexte immer neu buchstabiert worden. Die folgenden Texte sollen einen kleinen Beitrag dazu leisten, daß dieser Prozeß weitergeht.

Renate Wind

Die Bibel – ein Buch von Menschen für Menschen

Byblos war eine Hafenstadt in Phönizien. Heute heißt sie Jebail und liegt im Libanon. Als Jebail noch Byblos hieß, wurde in seinem Hafen vor allem der aus der ägyptischen Papyrusstaude gewonnene Bast verladen. Davon importierten die Griechen große Mengen, denn sie waren damals schon eine Kulturnation und hielten viel von Lesen und Schreiben. Der Papyrusbast wurde zur Papierrolle verarbeitet, nach ihrem Herkunftsort nannte man sie »byblos«. Diese wiederum wurde durch eine weitere Anstrengung des menschlichen Geistes zu einer Schriftrolle und damit zu einem Buch, dem »biblion«. Mehrere Schriftrollen auf einmal hießen »biblia«, und diese Bezeichnung wurde später ins Kirchenlateinische übernommen, zur Bezeichnung der »heiligen Schriften«. Noch etwas später wurde daraus die Bibel. So ist dieser Begriff also eine Art Sammelbezeichnung für die »biblia«, die sich in der Bibel befinden, und Bibel heißt von daher nichts anderes als »das Buch«.

»Das Buch« ist heute in fast 2000 Sprachen übersetzt und das am weitesten verbreitete Werk der Weltliteratur. In den von der christlichen Tradition geprägten Ländern steht es beinahe in jedem Bücherschrank. Trotzdem weiß man meist wenig damit anzufangen. »Das Buch« ist hierzulande gerade noch der Nachweis der Zugehörigkeit zum »christlichen Abendland«, aber ansonsten – genauso wie »der Goethe«, neben dem es häufig steht – ein Staubfänger.

»Das Buch« gehört nicht zur alltäglichen Lektüre seiner Besitzer. Das mag unter anderem auch daher kommen, daß »das Buch« in unserer Vorstellungswelt etwas Unnahbares bekommen hat. »Das Buch« heißt ja auch »Wort Gottes« oder »Heilige Schrift«, Begriffe, die den Zugang zur Bibel eher erschweren. Sieht man von denjenigen Christen ab, die die Bibel als »Wort Gottes« bewußt für sich akzeptieren und mit ihr leben, so gilt doch für die meisten Menschen, daß die Bibel »ein Buch mit sieben Siegeln« geblieben ist. Denn derjenige, der jede Vorstellung von Gott zusammen mit seinem Kinderglauben für überholt erklärt, hält von Gottesworten sowieso nicht viel. Wer hingegen »das Buch« als etwas Heiliges betrachtet, der behandelt es mit der gebührenden Scheu und Ehrfurcht und schlägt es nur am »Heiligen (!) Abend« auf, um die Weihnachtsgeschichte zu lesen – falls er auch dies nicht lieber dem Pfarrer überläßt, der für die »heiligen Dinge« zuständig ist. Die Bezeichnungen »Wort Gottes« oder »Heilige Schrift« haben jedoch nicht nur verhindert, daß »das Buch« gelesen wird. Sie haben auch falsche oder zumindest irreführende Vorstellungen über den Charakter »des Buches« erzeugt. Tatsächlich existiert meist nur eine vage Vorstellung von seiner Herkunft – so als sei »das Buch« in grauer Vorzeit vom Himmel gefallen und dann plötzlich dagewesen. Aufgeklärtere Geister nehmen zwar Menschen als Schreiber »des Buches« an, meinen aber glauben zu müssen, Gott habe seinen Schreibern – ganz heimlich und leise oder mit lautem Donner – das »Wort Gottes« diktiert, um auf diese Weise der Menschheit seinen Willen kundzutun. Dieser im Mittelalter weit verbreiteten Ansicht hat bereits Martin Luther widersprochen. Er, der im Gegensatz zu vielen Kirchenmännern seiner Zeit auf den Gedanken kam, die Bibel tatsächlich zu lesen, entdeckte dort nicht nur verlorengegangene Glaubenswahrheiten, sondern auch die Tatsache, das die Bücher der »Heiligen« Schrift auf menschliche Urheberschaft zurückgingen.

Freilich war auch er noch der Ansicht, daß die biblischen Schriftsteller bei allem, was sie schrieben, vom Geist Gottes inspiriert worden seien. Doch scheute er sich nicht, die so entstandenen Schriften kritisch zu beurteilen und zu unterscheiden. Für ihn war zum Beispiel der Brief des Paulus an die Römer wesentlich mehr »inspiriert« als der Brief des Jakobus, den er eine »stroherne Epistel« nannte.

Mit Martin Luther begann eine neue Karriere »des Buches«. Er holte es aus der Versenkung heraus und machte es jedermann zugänglich, indem er es aus der vorliegenden lateinischen Fassung ins Deutsche übersetzte. Dabei bemühte er sich, den Text den Menschen verständlich zu machen:

»Man muß die Mutter im Hause, die Kinder auf der Gasse, den einfachen Mann darum fragen und denselbigen auf das Maul schauen, wie sie reden, und danach übersetzen ...«

Die Wirkung war beträchtlich:

»Luthers Neues Testament war durch die Buchdruckerei dermaßen vermehrt und in so großer Zahl ausgesprengt, daß auch die

Schneider und Schuster, ja auch Weiber (!) und andere einfältige Idioten dasselbe mit höchster Begierde lasen. Etlich trugen dasselbe mit sich im Busen herum und lernten es auswendig. Ja, es fanden sich auch armselige Weiber, die sich aus geiler Verachtung der Unwissenheit der Männer mit Doktoren und ganzen Universitäten anlegten und waren ohne die geringste weibliche Scham so vermessen, daß sie sich auch des Predigtamtes und Lehrens der Kirche anmaßten ...«[1], so beschreibt ein aufgebrachter Gegner Luthers die Situation zum Beginn der Reformation. »Das Buch«, von Menschen für Menschen geschrieben, hatte hier endlich wieder Zugang erhalten zu denen, für die es einst gedacht war.

Leider währte diese Demokratisierung »des Buches« und der Kirche nicht allzu lange. Als sich die Reformation mit Hilfe der protestantischen Fürsten ihr Überleben sicherte, band sich auch die reformatorische Kirche wieder an die staatliche Macht und wurde zur Amtskirche unter dem Regiment des Landesherrn. Luthers Vision von dem »Priestertum aller Gläubigen« verschwand aus dieser Kirche ebenso wie die allgemeine Diskussion über den Inhalt »des Buches«. Die Auslegung der Bibel wurde mehr und mehr dem Pfarrer anheimgegeben, was »dem Buch« nicht immer gut bekommen ist. Wieder wurde das Lesen und Verstehen der Bibel tabuisiert, ihre Deutung und Auslegung monopolisiert – kein Wunder, daß die Leute kaum noch »mit höchster Begierde« darin lasen. Und das sollten sie wohl auch nicht, denn »das Buch« schien offenbar nicht dazu geeignet, fromme Untertanen im Sinne der Fürsten und der Kirchenregimente zu erzeugen.

Dennoch war mit der Reformation ein Prozeß in Gang gesetzt worden, der sich nun nicht mehr aufhalten ließ: »Das Buch« war zumindest im Prinzip zum Entdecken und Erforschen freigegeben, und es gab immer wieder Menschen, die sich – allein oder in Gemeinschaft mit anderen – diese Freiheit nahmen.

Mit der Aufklärung schließlich begann die »historisch-kritische Forschung«. Sie entwickelte nach und nach wissenschaftliche Methoden, mit denen die Herkunft und die ursprüngliche Bedeutung biblischer Texte aufgeklärt werden können. Immer mehr setzte sich die Überzeugung durch, daß man die eigentliche Aussageabsicht der biblischen Überlieferungen nur dann verstehen könne, wenn man sie in dem sozialen und kulturellen Umfeld betrachtet, in dem sie entstanden sind. Hermann Gunkel, einer der Väter der historisch-kritischen Bibelauslegung, formulierte zu Anfang dieses Jahrhunderts sehr hübsch, daß jeder Bibeltext auf seinen »Sitz im Leben« hin zu befragen sei. Damit aber waren die Texte »des Buches« vollends als das erwiesen, was sie tatsächlich sind: Selbstzeugnisse von Menschen, die ihrer Welterfahrung und ihrer Glaubensüberzeugung in den Schriften »des Buches« Ausdruck verliehen haben. Das »Wort Gottes« ist also in der Tat eine Geschichte von Menschen, auch wenn diese Geschichte durchdrungen und geprägt ist von ihrem Glauben an Gott und von ihrer Überzeugung, daß ihre Geschichte mit diesem Gott zu tun hat. Insofern sind die Schriften der Bibel, so unterschiedlich sie im einzelnen sind, ohne Unterschied in erster Linie Glaubenszeugnisse.

Aber es sind die Überzeugungen und Überlegungen von Menschen, denen wir in der Bibel begegnen, und diese Menschen gehören zu unserer Geschichte. Ihre Gedanken und ihr Glaube hat unsere Geschichte und Kultur beeinflußt. Ihre Erfahrungen und Hoffnungen reichen bis in unsere Zeit hinein.

Die Bibel – eine Bibliothek

Die Bibel ist kein Buch »aus einem Guß«. Sie besteht aus vielen einzelnen Schriften, die im Laufe von mehr als tausend Jahren entstanden sind. Deshalb hat man die Bibel auch eine Bibliothek genannt, in der die Überlieferungen Israels aus vielen Jahrhunderten gesammelt wurden. Allgemein bekannt ist die Unterteilung der Bibel in »Altes Testament« und »Neues Testament«. »Testament« ist die Übersetzung des hebräischen »berit« und bedeutet damit »Bund«, »Bundesverpflichtung«. Schon hierin wird deutlich, daß im Alten wie im Neuen Testament das Verhältnis zu Gott als ein Bundesverhältnis angesehen wurde. Das Alte Testament berichtet also von dem »alten Bund«, das Neue Testament von dem »neuen Bund« zwischen Gott und den Menschen. In der alttestamentlichen Überlieferung gilt Mose als Vermittler des »alten Bundes«, in der neutestamentlichen Tradition wird Jesus als Stifter des »neuen Bundes« Gottes mit den Menschen angesehen. Die Berufung auf den »alten Bund« haben Juden und Christen gemeinsam; für beide gilt das Alte Testament als verbindliche »Heilige Schrift«. Das, was Christen von Juden unterscheidet, ist die im Neuen Testament überlieferte Überzeugung, daß der jüdische Prophet Jesus aus Nazareth der von Gott geschickte Messias, der Christus ist, in dem sich Gott den Menschen auf neue Weise offenbart habe. Deshalb gilt in der christlichen Kirche das Neue Testament als eine dem Alten Testament ebenbürtige »Heilige Schrift«.

Dabei ist es in der Geschichte der christlichen Bibelauslegung oft zu einer Verkehrung der Prioritäten gekommen. Zur Betonung des eigenen Glaubens und zur theologischen Abgrenzung gegen das Judentum hat die Kirche den Schwerpunkt immer mehr auf das Neue Testament verlagert. Das führte schließlich dazu, daß man das Alte Testament immer mehr nur noch als Vorgeschichte zum Neuen Testament betrachtete, obwohl tatsächlich das Neue Testament nur das letzte Glied einer langen Überlieferungskette der Geschichte des Glaubens Israels ist. Noch schwerwiegender aber war die Forderung, die christliche Bibelauslegung müsse das Alte Testament von den Aussagen des Neuen Testaments her lesen und verstehen. So war etwa für Martin Luther, der sein theologisches Aha-Erlebnis der Lektüre der Paulusbriefe verdankte, das Neue Testament der Schlüssel zum Verständnis des Alten Testaments. Erst in den letzten Jahren hat sich in der theologischen Forschung die Erkenntnis durchgesetzt, daß umgekehrt »ein Schuh draus wird«: daß nämlich die Botschaft und die Bedeutung Jesu, der ja eben selber nichts anderes als ein jüdischer Lehrer und Prophet war, ohne die alten Überlieferungen Israels nicht zu verstehen sind. So ist und bleibt die Basis des Neuen das Alte Testament, und die Basis des Christentums ist und bleibt das Judentum. Jeder Versuch, die jüdischen Wurzeln des Christentums abzutrennen oder zu verleugnen, ist eine Verfälschung des christlichen Glaubens.

So gesehen ist die Bibel-Bibliothek ein wahrhaft ökumenisches Werk, eine jüdisch-christliche Gemeinschaftseinrichtung. Ihr Inventar kann sich sehen lassen.

Das Alte Testament, die Heilige Schrift der Juden und der ersten Christen, ist überwiegend in hebräischer Sprache abgefaßt und enthält 39 einzelne Bücher. Zu ihnen gehören zunächst die »fünf Bücher Mose«, in denen von unbekannten Verfassern die in Israel umlaufenden mündlichen Überlieferungen von der Geschichte der Väter, dem Auszug aus Ägypten, von Mose und dem Weg durch die Wüste zusammengefaßt wurden. Weitere Geschichtsbücher berichten von der Geschichte Israels zur Zeit der Richter, der Könige, des Exils und der Rückkehr in die Heimat. Später fanden Sagen über die Schöpfung und den Beginn der Menschheitsgeschichte sowie Sammlungen von Gesetzen Eingang in die Geschichtsbücher.

Zu den Büchern, die mit der Geschichte Israels zu tun haben, kommen solche, in denen die Weisheitslehre des Volkes niedergelegt ist, wie zum Beispiel die Sammlung der Sprüche Salomos, der als der »exemplarische Weise« in Israel galt. Aus dem Bereich des Gottesdienstes kommt das Buch der Psalmen, das man auch als eine Art Gesangbuch Israels bezeichnen könnte.

Einen letzten, bedeutenden Komplex bilden die Bücher der großen und kleinen Propheten Israels, deren mündlich vorgetragene Botschaft nachträglich von Anhängern und Schülern aufgeschrieben und so der Nachwelt überliefert wurde – ein Überlieferungsprozeß, der dann später bei Jesus ganz ähnlich lief.

Überhaupt bilden fast alle Bücher, die in der Bibel-Bibliothek vor uns liegen, erst das Endstadium eines langen Überlieferungsprozesses. Nur wenige biblische Schriften sind von Anfang an schriftliche Überlieferung gewesen, wie etwa die Gesetzessammlungen oder die Briefe des Paulus. Vielmehr gilt für die meisten Bücher, einschließlich der neutestamentlichen Evangelien, daß ihnen mindestens zwei Stadien der Überlieferung vorangegangen sind: als erstes das oft sehr lange Stadium der mündlichen Überlieferung, dann die schriftliche Fixierung von Einzelüberlieferungen. Erst im letzten Stadium sind die verstreuten Einzelüberlieferungen von Redaktoren gesammelt und zu Büchern zusammengestellt worden. Und es liegt auf der Hand, daß diese Bücher die Erfahrungen und Ansichten der Überlieferer in sich aufgenommen haben. Das gilt im besonderen Maße auch für die Evangelien des Matthäus, Markus, Lukas und Johannes, die den ersten Teil des Neuen Testaments bilden. Sie sind erst nach dem Tode Jesu entstanden, etwa in der Zeit zwischen 70 und 100 n. Chr., und das Bild, das sie von Jesus, seinem Leben und seiner Botschaft zeichnen, ist bereits grundlegend von dem Glauben derjenigen geprägt, die zuerst von ihm erzählten, dann die Erzählungen aufschrieben und diese schließlich zu einem Evangelium zusammenstellten. Vor allem für das Verständnis des Neuen Testaments ist es wichtig, diese Überlieferungsgeschichte der Evangelien im Auge zu behalten.

Das Neue Testament umfaßt im ganzen 27 einzelne Schriften, die alle in griechischer Sprache geschrieben sind. Außer den vier Evangelien enthält es die Apostelgeschichte des Lukas, die Offenbarung des Johannes und eine Reihe von Briefen, die teils auf Paulus, teils auf andere, meist unbekannte Verfasser zurückgehen. Die ältesten Schriften des Neuen Testaments sind die Briefe des Paulus, der als erster christliche Gemeinden auch außerhalb Palästinas gründet und diese in seinen Briefen in der christlichen Lehre unterweist. Dabei ist interessant, daß in diesen Briefen das Leben Jesu überhaupt keine Rolle spielt. Für Paulus ist im Grunde nur die Bedeutung Jesu für eine neue Art des Glaubens an Gott wichtig. Erst die Evangelien machen das Leben, das Wirken und Sterben Jesu zum Thema. In der Apostelgeschichte geht es um die Entstehung der Urkirche, und in den nachpaulinischen Briefen um die Regelung des Gemeindelebens. Die Offenbarung des Johannes schließlich ist ein apokalyptisches Buch, in dem aus der Erfahrung der Verfolgung heraus die Endzeit und eine neue Welt beschworen wird. Es enstand um 100 n. Chr.

Die ersten Bücher der Bibel-Bibliothek entstanden um 1000 v. Chr., die letzten um 100 n. Chr. – und es ist offenkundig, daß Schriften, die über einen so langen Zeitraum hinweg entstanden sind, nicht einheitlich sein können. In ihnen spiegelt sich vielmehr die Geschichte Israels ebenso wider wie die Entwicklung des Weltbildes und die Wandlungen der Gottesvorstellungen – von Abraham und Mose bis zu Jesus und Paulus.

Dazu kommt, daß die Schriften der Bibel nicht nur zu verschiedenen Zeiten, sondern auch von ganz unterschiedlichen Menschen, Angehörigen unterschiedlicher Schichten geschrieben wurden. Ein deutliches Beispiel dafür ist die Tatsache, daß in den Geschichtsbüchern die Zeit der Könige oft gegensätzlich geschildert und bewertet wird, je nachdem, ob die Überlieferung aus Kreisen des Hofbeamtentums stammt oder aus Kreisen der prophetischen Opposition, die die Sache der unterprivilegierten Bevölkerungsschichten vertrat.

Das bedeutet schließlich, daß Weltsicht und Gottesbild auch in der Bibel Wandlungen unterworfen sind, weil sie von dem sozialen, kulturellen und geschichtlichen Kontext abhängen, in dem sie entstehen. Die in den biblischen Schriften dargestellte Welt- und Gotteserfahrung steht in engem Zusammenhang mit dem Wissens- und Erkenntnisstand, dem religiösen und kulturellen Umfeld und dem gesellschaftlichen Interesse der Verfasser. Ein armer Bauer, der unter den steigenden Steuerabgaben für den Hof des Königs David litt, hatte zweifellos andere Interessen als ein königlicher Hofbeamter, und ein aramäischer Halbnomade hatte eine andere Sicht von der Welt als ein gebildeter Priester des Jerusalemer Tempels.

Alle diese Unterschiede fließen in den Glauben und die Überlieferung Israels ein, und es ist deshalb unmöglich, alle Schriften des Alten und des Neuen Testaments über einen Kamm zu scheren oder unter einen Hut zu bringen. Allenfalls lassen sich Schwerpunkte erkennen und Linien, die sich von Anfang an bis zum Ende durchziehen – doch bleibt die Tatsache bestehen, daß es innerhalb der biblischen Traditionen Auseinandersetzungen und Entwicklungen gibt. Die Bibel spiegelt also die Wandlungen innerhalb einer tausendjährigen Volks- und Religionsgeschichte ebenso wider wie die religiösen, politischen und sozialen Auseinandersetzungen der einzelnen Epochen.

Nicht zuletzt deshalb kommt es heute oft zu der Ansicht, mit der Bibel könne man beliebig alles belegen. Und tatsächlich wird die Bibel vielfach als Lieferant für passende Zitate zur Absegnung aller möglichen Positionen mißbraucht. Um so wichtiger ist daher der kritische und kompetente Umgang mit biblischen Texten. Wenn man davon ausgehen kann, daß in der Bibel eben nicht zeitlos gültige, vom Himmel gefallene Wahrheiten, sondern menschliche Erfahrungen und Glaubensüberzeugungen vermittelt werden, so bleibt es die Aufgabe der Adressaten, diese Überlieferungen in ihren ursprünglichen Zusammenhängen zu verstehen, aber auch zu prüfen und auf ihre Anwendbarkeit hin zu beurteilen.

Im übrigen stellte sich das Problem, welche der Überlieferungen denn nun maßgebend für den Glauben seien, bereits in frühester Zeit, und es stellte sich Juden und Christen gleichermaßen. Denn es gab in den jüdischen Gemeinden wie in den christlichen Gemeinden des ersten nachchristlichen Jahrhunderts weit mehr Glaubensschriften, Geschichtsbücher und Evangelien, als die, die wir heute im Alten und im Neuen Testament vorfinden. Das heißt, es hat zu einer bestimmten Zeit eine Entscheidung darüber gegeben, welche der vorhandenen Schriften in den Kanon des Alten und des Neuen Testaments aufgenommen wurden und welche nicht. »Kanon« bedeutet »Maßstab«, »Richtschnur« – und in den Kanon wurden nur solche Schriften aufgenommen, die als allgemein verbindliche Grundlage des Glaubens angesehen wurden. Erst mit dieser Kanonisierung wurden aus den Überlieferungen »Heilige Schriften«.

Der Prozeß der Kanonisierung der alttestamentlichen Schriften erstreckte sich über mehrere Jahrhunderte. Er begann, als Israel mit der Zerschlagung seiner Königreiche die staatliche Eigenständigkeit verlor und sich seine Eigenart und seinen inneren Zusammenhalt mehr und mehr durch seine religiösen Traditionen zu sichern suchte. Doch erst um 90 n. Chr. erklärte die rabbinische Schule in Jamnia in Palästina endgültig die Unantastbarkeit und Autorität der 39 Schriften des alttestamentlichen Kanons.

Wenig später trat das gleiche Problem im jungen Christentum auf. Im zweiten nachchristlichen Jahrhundert tauchten immer mehr Schriften und Evangelien auf, die teils legendenhaften, teils phantastisch-spekulativen Charakter trugen. Daher wurde es notwendig, hier eine Grenze zu ziehen. Etwa um 200 legte man sich auf eine Auswahl von vier Evangelien und einer Anzahl apostolischer Briefe fest. Die 27 heute vorliegenden neutestamentlichen Schriften wurden endgültig um 400 n. Chr. kanonisiert und damit zur »Heiligen Schrift« erklärt.

Das Problem der Kanonbildung bringt die Schwierigkeiten im Umgang mit der Bibel noch einmal auf den Punkt. Denn wenn auch die Rabbiner von Jamnia und die Kirchenführer der alten Kirche ehrwürdige Theologen gewesen sein mögen, so bleibt doch die Tatsache bestehen, daß es eben Menschen waren, die die »Heiligkeit« und Autorität bestimmter Überlieferungen festgelegt haben. Wer also hofft, in der Bibel letztgültige Auskünfte und Anweisungen für ein christliches Leben zu finden, der verkennt ihren Charakter. Die Bibel, ein Buch, von Menschen geschrieben, von Menschen zusammengestellt und von Menschen zur »Heiligen Schrift« erklärt – es hilft nichts, das »Wort Gottes« kommt zu uns durch den Mund von Menschen, und wir kommen nicht darum herum, ihre Botschaft zu hören, zu prüfen und in eigener Verantwortung zu übernehmen oder abzulehnen.

Die Bibel – ein Tatsachenbericht
oder ein Märchenbuch?

Vor etlichen Jahren erschien ein Buch, das ein Bestseller wurde. Es trug den vielversprechenden Titel: Und die Bibel hat doch recht... Sein Verfasser hatte viele, oft recht interessante archäologische und geologische Erkenntnisse über die Frühzeit Israels zusammengetragen, die beweisen sollten, daß die Erzählungen der Bibel, auch solche, die unwahrscheinlich klingen, auf historischen Tatsachen beruhen. Dieses gutgemeinte Unterfangen war wohl der letzte Versuch, die Bibel als etwas darzustellen, was sie eben nicht ist: als ein Tatsachenbuch, dessen Glaubwürdigkeit bewiesen werden muß. Dieser Versuch hängt aufs engste zusammen mit der unter Christen und Nichtchristen weit verbreiteten Ansicht, daß nur der ein guter Christ ist, der alles, was in der Bibel steht, für wahr im Sinne von »wirklich so passiert« hält, gegen alle wissenschaftliche Erkenntnis und gegen alle menschliche Vernunft.

Dieses grundlegende Mißverständnis hat nun allerdings die Kirche selbst verursacht. Jahrhundertelang hat sie darauf bestanden, daß die Bibel unumstößliche Fakten über die Entstehung der Welt, die Wunder Jesu und über das Leben nach dem Tod enthalte. Und als Galilei im 15. Jahrhundert entdeckte, daß die Erde keineswegs so aussah, wie sie der erste biblische Schöpfungsbericht beschrieb, daß sie auch nicht der Mittelpunkt sei, sondern zusammen mit anderen kugelförmigen Gebilden die Sonne umkreise, da verbot die kirchliche Inquisition kurzerhand die Verbreitung dieser neuen Erkenntnis.

Freilich konnte sie damit den wissenschaftlichen Fortschritt auch nicht aufhalten. Wenn sie insbesondere die naturwissenschaftliche Forschung mit Argusaugen betrachtete, so trug das im Grunde nur dazu bei, die Kirche immer mehr in die Isolation und in eine völlig unnötige Konfrontation mit der Wissenschaft zu führen. So erwies es sich schließlich und endlich im 20. Jahrhundert als unmöglich, die biblischen Berichte von der Entstehung der Welt und der Erschaffung des Menschen als faktisches Geschehen gegenüber der Evolutionstheorie zu behaupten – auch wenn dies heute noch von fundamentalistischen Kreisen, die sich für besonders gute Christen halten, weil sie an die Faktizität biblischer Überlieferungen glauben, versucht wird: unter anderem mit der kürzlich in den USA aufgestellten Forderung, in den Schulbüchern die wissenschaftliche Darstellung der Entstehung der Erde und der Entwicklung des Menschen durch den biblischen Schöpfungsbericht zu ersetzen oder zumindest zu ergänzen.

Nun hat allerdings die historisch-kritische Forschung schon seit längerer Zeit deutlich gemacht, daß ein solcher Versuch nicht nur unmöglich, sondern auch unsinnig ist. Sie hat nämlich herausgefunden, daß die biblischen Berichte von der Schöpfung, die übrigens zu ganz verschiedenen Zeiten entstanden sind, noch nie Tatsachenberichte gewesen sind. Vielmehr wird in ihnen, mit den Vorstellungen eines zeitgebundenen – und deshalb heute natürlich überholten – Weltbildes dem Glauben Ausdruck verliehen, daß der Gott Israels der Schöpfer der Welt ist, und daß er die Welt und die Menschen zu einem guten Zweck und Ziel geschaffen habe. Allein auf diese Aussage kommt es den Schöpfungsgeschichten eigentlich an. Das wird nicht zuletzt auch darin deutlich, daß in den beiden ersten Kapiteln der Bibel auf ganz unterschiedliche Weise von der Erschaffung der Erde berichtet wird. Dabei steht der ältere, etwa um das Jahr 1000 v. Chr. geschriebene Bericht im zweiten Kapitel des ersten Buches Mose. Er wurde von nomadisierenden Wüstenbewohnern erzählt; in ihrer Vorstellung wurde die Erde dadurch bewohnbar, daß Gott Regen schickt, die Wüste bewässert und einen Garten pflanzt.

Ganz anders sieht die Schöpfung im ersten Kapitel des ersten Mosebuches aus: Dort entsteht die Erde, weil Gott die Urflut zurückdrängt und eine feste Gestalt, die Erde, aus dem Chaos schafft. Dieser Bericht wurde etwa 500 v. Chr. von Priestern geschrieben, die die Schöpfungsmythen von Kulturlandbewohnern und das damals vorherrschende Weltbild der Babylonier in ihre Vorstellungen von der Erschaffung der Erde hineinnahmen. Natürlich sind beide Schöpfungsvorstellungen längst durch neue Weltbilder überholt. Die Tatsache aber, daß bereits in der Bibel selbst zwei verschiedene, von unterschiedlichen Weltbildern geprägte Schöpfungserzählungen nebeneinander stehen, zeigt, daß es in der biblischen Überlieferung nicht um das Wie der Erschaffung der Erde geht, sondern um das Woher und das Wozu. Die biblischen Schöpfungsberichte sind keine Tatsachenberichte, sondern Glaubensgeschichten.

Diese Festestellung gilt grundsätzlich für große Teile der biblischen Überlieferungen. Es geht also dort nicht um Fakten, die man für wahr halten soll, sondern um Glaubensinhalte, die in verschiedensten Bildern und Formen ausgedrückt wurden. Diese verschiedenen Formen der Überlieferung sind nun allerdings in der kirchlichen Bibeldarstellung kaum zureichend bedacht worden. Im Gegenteil: herkömmliche biblische Erzählbücher nivellieren den Formenreichtum biblischer Überlieferung dergestalt, daß die Bibel zu einer Sammlung »biblischer Geschichten« zusammenschrumpft, in der die »Highlights« des Buches ohne Berücksichtigung ihrer ursprünglichen Form zu einer Faktizität und Historizität vortäuschenden Gesamtgeschichte aneinandergereiht werden.

Diese Historisierung und natürlich auch Moralisierung in den »biblischen Geschichten« hinterläßt in der Regel schlimme Schäden in der religiösen Sozialisation. Denn wenn jemand die Bibel vermittels der »biblischen Geschichten« als Tatsachenbuch vorgesetzt bekommt, so wird er sie spätestens mit der Überwindung seines Kinderglaubens unweigerlich ad acta legen. Denn die Erkenntnis, daß diese Geschichten so eigentlich nicht passiert sein können, führt ihn zu der weitverbreiteten Schlußfolgerung: Da die Bibel offenbar kein nachprüfbarer und rational nachvollziehbarer Tatsachenbericht ist, ist sie eben ein Märchenbuch, etwas, was man gerade noch Kindern in die Hand drückt, weil das ja nichts schaden kann.

Die Wahrheit über den Charakter des Buches geht in dieser falschen Frontstellung natürlich verloren. Die Wahrheit ist: Die Bibel ist weder ein Tatsachenbericht noch ein Märchenbuch. In ihr finden sich zwar Tatsachenberichte und Märchen, aber auch noch viele andere literarische Formen, mit denen Menschen ihrer Erfahrung und ihrem Glauben Ausdruck verliehen haben. So finden wir in der Bibel neben historischen Tatsachenberichten und Märchen auch Sagen, mythische Erzählungen, Lieder und Gedichte. Dazu kommen Sprichwörter, Rechtssätze, Prophetensprüche, Predigten, Gleichnisse, Fabeln und Briefe. Schließlich gibt es auch gottesdienstliche Texte wie Psalmen, Segenssprüche und Bekenntnisse.

Die Beachtung der literarischen Form des jeweiligen Textes ist für sein Verständnis von entscheidender Bedeutung. Hermann Gunkel hat darauf aufmerksam gemacht, daß erst die Bestimmung seiner literarischen Form die Einordnung eines Textes in sein soziales und kulturelles Umfeld ermöglicht. Man kann sich gut vorstellen, daß eine Familiensage einen anderen sozialen Ort hat als ein Prophetenspruch, und daß eine geschichtliche Chronik eine andere Art der Aussage darstellt als ein gottesdienstliches Bekenntnis.

Daß unterschiedliche literarische Formen unterschiedliche Arten der Aussage über die gleichen Dinge hervorbringen, kennen wir aus unserer eigenen Erfahrung recht gut. Niemand würde beispielsweise auf die Idee kommen, die abendliche Fernsehwetterkarte mit poetischen Bildern über Regen, Schnee und Sonne zu kommentieren. Andererseits findet es jeder in Ordnung, wenn ein Dichter die gleichen Erscheinungen der Natur nicht mit metereologischen Begriffen, sondern mit poetischen Bildern beschreibt, die zwar nichts Faktisches, aber ebensoviel Wahres über Regen, Schnee und Sonne sagen wie der metereologische Kommentar nach der Tagesschau.

Es ist nicht ganz einfach, sich daran zu gewöhnen, daß solche Unterscheidungen für die biblischen Texte genauso gelten wie für alle anderen. Man hat sich so lange damit herumgeschlagen, ob die Überlieferungen in der Bibel wahr im Sinne von »wirklich passiert« sind, daß man darüber vergessen hat, daß Wahrheit nicht gleichbedeutend ist mit Faktizität. Es gilt daher, gerade für die biblischen Texte neu zu entdecken, was man von der »profanen« Literatur her eigentlich längst weiß: daß auch solche Texte, die keine nachprüfbaren Fakten beinhalten, ihre Wahrheit haben.

Die Frage, die man an einen biblischen Text stellen sollte, der offenbar keine nachprüfbaren Fakten enthält, lautet also nicht: Ist das wirklich so passiert? – sondern: Was soll mit diesem Text gesagt werden, welche Botschaft, welche Wahrheit will er vermitteln?

Auch dies soll an einem Beispiel deutlich gemacht werden, bei dem es um Märchen in der Bibel geht. Es gibt ein Märchenmotiv, das in den Überlieferungen aller Völker der Erde vorkommt und das auch Eingang in die biblischen Schriften gefunden hat: das Motiv von der wunderbaren Vermehrung einer Speise zur Rettung von Menschen. Wir kennen dieses Motiv zum Beispiel aus dem Märchen vom »Töpfchen mit dem süßen Brei«: Ein armes Mädchen, das nicht mehr aus noch ein weiß, bekommt Besuch von einer guten

Fee, die macht, daß das Töpfchen mit dem süßen Brei nicht mehr leer wird.

Niemand würde versuchen wollen, dieses Märchen auf seine Faktizität hin zu überprüfen. Niemand aber würde auch leugnen, daß das Märchen, auch wenn es nicht »so passiert« sein kann, seine bestimmte Bedeutung und seine Wahrheit hat. Wir würden sofort verstehen, daß das Märchen eine bestimmte Form ist, in der Menschen, die Hunger und Mangel leiden, ihre Hoffnung auf Sättigung und Ende des Mangels zum Ausdruck gebracht haben. Wir würden in der Form des Märchens eine alte Menschheitserfahrung hören und verstehen können.

Nicht anders dürfen wir die Märchen lesen, die wir in der Bibel finden. Dort wird zum Beispiel vom Propheten Elia eine Geschichte berichtet, die sehr an das Märchen vom »Töpfchen mit dem süßen Brei« erinnert. Der Prophet sorgt nämlich auf Geheiß Gottes dafür, daß das Mehl im Kasten und das Öl im Krug einer armen Witwe nicht ausgeht. Es geht an dem Charakter der Erzählung vorbei, nach der Faktizität dieses Geschehens zu fragen. Das tun wir ja bei unseren Märchen auch nicht. Zu fragen ist vielmehr: Welche Erfahrungen und Hoffnungen vermittelt diese Geschichte, die ja von Menschen für Menschen zu einem bestimmten Zweck erzählt wird? Geht es da nicht um die Überzeugung von Menschen, daß Gott nicht den Hunger der Menschen will, sondern Sättigung und Lebenserfüllung? Und ist es nicht von weitreichender Bedeutung, wenn arme Leute in solchen Geschichten zum Ausdruck bringen, daß Hunger und Mangel zumindest nicht gottgewollt und damit nicht unabänderlich sind?

Die Geschichte, in der ein typisches »Märchen der Armen« auf einen Propheten projiziert wurde, der als Anwalt der armen Leute in Israel galt, vermittelt also nicht Fakten, die wir für wahr halten sollen, sondern Glaubensüberzeugungen, die wir nicht unbedingt teilen müsen, die wir aber als Botschaft von Menschen verstehen und nachvollziehen können.

Ganz ähnlich verhält es sich schließlich mit der bekannten Geschichte über Jesus von Nazareth, der fünftausend Leute mit fünf Broten und zwei Fischen satt gemacht hat. Auch hier ist das Motiv aus den »Märchen der Armen« Ausdruck von menschlicher Hoffnung und menschlichem Glauben. Vergessen wir also die Frage, ob Jesus das wirklich gemacht hat und wie er das bloß fertiggekriegt hat! Hören wir lieber die Botschaft, die die Erzähler dieser Geschichte, arme Leute, mitteilen wollen: daß im Reich Gottes, das Jesus von Nazareth predigte, endlich aller Mangel aufgehoben wird, und daß dieses Reich schon hier auf der Erde beginnt – im Teilen von Brot und Fisch und allem, was man sonst noch zum Leben braucht.

Noch einmal: es geht nicht darum, zu glauben, daß alles, was in der Bibel erzählt wird, auf geschichtlichen Tatsachen beruht. Es geht darum, zu verstehen, was die biblischen Erzähler in jeweils unterschiedlichen Formen mitteilen wollten. Wir können nicht hinter den Ort der Entstehung biblischer Überlieferungen zurück. Wir können aber feststellen, wo der jeweilige Text entstanden ist, an welchem Ort, in welchem Zusammenhang und in welcher Absicht. Wir können nachvollziehen, was Menschen beim Erzählen, Aufschreiben, Überliefern dieses Textes mitteilen wollten.

Insofern geht es mit der Bibel wie mit jeder Botschaft, die uns von Menschen früherer Zeiten überliefert ist. Ob wir mit ihrer Botschaft etwas anfangen und was wir damit anfangen, das liegt in unserer Entscheidung.

Die Bibel – die Geschichte eines Gottes

Wir haben uns in der abendländischen Tradition an ein Gottesbild gewöhnt, das Gott als den einzigen, allmächtigen und allgegenwärtigen Weltherrscher und Welterhalter darstellt. Auch wenn die Konkretisierung dieses Bildes von dem weißbärtigen »Gottvater« auf der Wolke bis zum überall gegenwärtigen bedrohlichen Auge des »big brother« reicht, so ist doch eines unumstritten: Der Gott der christlichen Kirche hat keinen Konkurrenten. Wenn es ihn gibt, dann gibt es nur ihn.

Nun ist auch diese Vorstellung von dem einzigen, allmächtigen und allgegenwärtigen Gott nicht irgendwann aus dem Nichts aufgetaucht. Sie hat ihren Beginn und ihre Geschichte. Der allmächtige Gott hat nämlich einmal ganz klein angefangen: als Familiengott von Nomaden und Halbnomaden in den Wüsten des vorderen Orients.

Das alles wissen wir – aus der Bibel. Sie ist nicht nur eine Geschichte von Menschen, sondern auch die Geschichte Gottes, an den diese Menschen glaubten. Nicht nur das Wort Gottes, auch das Bild Gottes ist von ihrem Leben und ihren Erfahrungen geprägt.

Die Geschichte Israels begann als eine Geschichte wandernder Nomadensippen, die mit ihren Schaf- und Ziegenherden zwischen 2000 und 1200 v. Chr. am Rande der Wüste lebten und den größten Teil des Jahres von einem Weideplatz zum anderen zogen. Von ihnen wird in den Familiensagen über die »Erzväter« Abraham, Isaak und Jakob erzählt. Diese Sagenkreise existierten ursprünglich unabhängig voneinander. Erst als das erste Geschichtswerk Israels um 1000 v. Chr. die Sagen der verschiedenen Israelstämme zu einer gemeinsamen Vorgeschichte des »Volkes Israel« verband, wurden Abraham, Isaak und Jakob genealogisch miteinander »verwandt«. Erst zu diesem Zeitpunkt bekamen sie auch – im nachhinein – einen gemeinsamen Gott, eben den Gott Israels. Ursprünglich aber hatte jede der Sippen ihren eigenen. Sie hießen »der Mächtige Abrahams«, »der Schrecken Isaaks« und »der Starke Jakobs«.

Diese »Vätergötter« waren jeweils nur für »ihren« Stamm verantwortlich; umgekehrt verehrte dieser Stamm keinen anderen als eben den eigenen Stammesgott. Dies ist noch heute so – bei den Nomadenstämmen in der Sahara und auf dem Sinai.

In der Verehrung des einen Sippengottes liegen die Wurzeln unseres Monotheismus, des Glaubens an den einen Gott. Aber auch andere Grundzüge unseres heutigen Gottesbildes waren bei den Vätergöttern schon vorhanden.

Der Gott der Väter war, da es keinen anderen gab, für alles zuständig: für die Geburt gesunder Kinder und zahlreicher Ziegen, für das rechtzeitige Finden eines guten Weideplatzes und für das Erreichen eines hohen Alters des Patriarchen. Der Stammesgott war einzig und allmächtig – wenn auch nur in der Welt »seines« Stammes. Es stand außer Frage, daß für andere Stämme andere Götter existierten und zuständig waren.

Eine weitere wichtige Eigenschaft des Vätergottes war seine Unsichtbarkeit. Er war weder an eine Gestalt noch an einen Ort gebunden. Das hing mit den ganz realen Lebensbedingungen von Nomaden zusammen. Wandernde Familien können es sich schließlich nicht leisten, ständig eine Götterfigur aus Holz oder aus Stein mit sich herumzuschleppen. Und sie haben auch weder Zeit noch Lust, an jedem neuen Weideplatz einen neuen Tempel für ihren Gott zu errichten – ganz abgesehen von den Materialschwierigkeiten, an denen ein solches Unterfangen mitten in der Wüste ohnehin scheitern würde!

Wenn man es so will, war es einfach sinnvoller und praktischer, unter diesen Umständen einen unsichtbaren und damit »mobilen« Gott zu verehren. Er zog überall mit hin und war zufrieden, wenn man ihm unter einem Baum oder auf einem Hügel unterwegs einen kleinen »Altar« aus schnell aufgeschichteten Steinen errichtete oder wenn man ein Zelt für ihn mit aufschlug. Außerdem brauchte er kein »Personal« – wie die Erzvätergeschichten zeigen, brauchte man keinen bezahlten Priester, um mit ihm in Verbindung zu treten. Alles, was den Stamm anging, handelte der Patriarch der Sippe selber mit ihm ab.

Mit Regen und Ernte hatte der Gott der Väter nichts zu tun. Den Nomaden reichte es, wenn ihr Gott sie zu den geeigneten Weideplätzen führte, sie auf dem Weg durch die Wüste beschützte und ihnen, wenn es zu Auseinandersetzungen mit anderen Stämmen kam, zum Sieg über die feindliche Sippe verhalf. Natürlich ging es dabei nicht zuletzt auch darum, welcher der beiden Vätergötter der stärkere war.

Zwischen 1200 und 1000 v. Chr. ereignete sich das, was später als »Landnahme« bezeichnet wird. Verschiedene Nomadenstämme haben das Wanderleben und die Wüste satt und siedeln sich allmählich im fruchtbaren Palästina an. In späteren Erzählwerken wird diese Ansiedlung als ein von ganz Israel gestartetes Eroberungsunternehmen des »gelobten Landes« dargestellt, aber in Wirklichkeit war es anders. Die einzelnen Familien siedelten dort, wo gerade Platz war. Nur selten kamen sie dabei mit bereits Ansässigen in Konflikt. Eher scheint es so gewesen zu sein, daß die Bewohner der schon lange bewohnten und befestigten Küstenstädte, die kanaanäische Herrscherschicht, die den Siedlern mit ihrer bereits entwickelten Waffentechnologie weit überlegen war, diesen das mühsam Erwirtschaftete mit Gewalt abnehmen. Die Siedlerstämme können sich dagegen nur verteidigen, indem sie sich zusammenschließen. Das gleiche gilt für die Abwehr kriegerischer Nomaden- und Seevölker, die von Zeit zu Zeit in das Land einfallen.

Diese gemeinsame Abwehr der Bedrohungen von außen scheint der Anlaß und der erste Schritt zum Zusammenschluß der einzelnen Stämme und zur Enstehung des Volkes und des Staates Israel zu sein.

Doch was ist inzwischen aus den Vätergöttern geworden? Nach allem, was wir heute wissen, hat sich einer der Stammesgötter nach und nach als gemeinsamer Gott aller Israelstämme durchgesetzt – und zwar derjenige, den die Moseschar, die möglicherweise um 1250 v. Chr. aus Ägypten geflohen ist, aus der Wüste mitgebracht hat. Sie erzählen von ihm, daß er sie aus Ägypten befreit habe. Sein Name ist Jahwe.

Die Bedeutung des Namens »Jahwe« ist programmatisch. In der Geschichte vom »brennenden Dornbusch«, in der sich Jahwe dem Mose offenbart und ihm den Auszug aus Ägypten befiehlt, wird der Name erläutert: »Ich werde mich euch erweisen.« Damit sind gleich mehrere Charakterzüge des Gottes Jahwe dargestellt: die Unverfügbarkeit und die Unabbildbarkeit, die Allgegenwart und die Allmacht Jahwes, und schließlich die Verantwortung, die Jahwe für »seine Leute« übernimmt. Jahwe läßt sich nicht auf ein Bild, eine

Vorstellung »festnageln«, er wird sich immer wieder anders »erweisen«. Er ist nicht an eine Aufgabe und an einen Ort gebunden, er ist überall und für alles zuständig. Er zeigt seine Präsenz und seine Macht nicht in übernatürlichen Offenbarungen und auch nicht im Kult eines Tempels, sondern im Handeln für sein Volk.

Diese Vorstellung von Jahwe, der für Israel da ist und handelt, bestimmt den Glauben Israels in seiner ganzen Geschichte. Sie wird sogar in dem schon erwähnten ersten Geschichtswerk Israels in die Vorgeschichte des Volkes projiziert. Diese große Erzählung, die zu Beginn des Königreiches Israel entstand und dem jungen Volksverband eine gemeinsame Geschichte geben sollte, faßte nicht nur die Sagen der einzelnen Stämme von den Erzvätern, von Mose, vom Exodus aus Ägypten, von der Übermittlung der Gebote und von der Wüstenwanderung zu einer gemeinsamen Vorgeschichte Israels zusammen – sie beschreibt Jahwe nun auch als den Gott Abrahams, Isaaks und Jakobs, als den Gott, der das ganze Volk aus Ägypten, durch die Wüste und schließlich ins »gelobte Land« führt, der dem ganzen Volk am Sinai die Zehn Gebote offenbart und dort gleichzeitig mit dem ganzen Volk einen Bund schließt: »Ich will euer Gott sein, und ihr sollt mein Volk sein!«

So wie vor der Seßhaftwerdung der Israeliten jeder Stamm einen Stammesgott hatte, so ist Jahwe jetzt zu dem einen Volksgott für Israel geworden. Damit hat der Monotheismus eine erste – und wohl auch einmalige – Ausweitung erfahren. Zwar haben auch weiterhin andere Völker ihre Götter – deren Macht und Existenz wird nicht bestritten. Aber für Israel ist Jahwe der einzige Gott: »Ich bin der Herr, dein Gott, du sollst keine anderen Götter neben mir haben!« lautet sein erstes Gebot.

Diese »Karriere« vom Stammesgott zum Volksgott ist nun allerdings nicht das einzige Erstaunliche an der Geschichte des Gottes Israels. Noch viel bemerkenswerter ist dies: Zum ersten Mal in der Geschichte der Religionen wird der Glaube der Nomaden an den einen, unsichtbaren, für alles zuständigen Gott der Väter auch unter den Bedingungen einer Existenz im Kulturland beibehalten. Das ist neu. Normal ist, daß Nomaden, die seßhaft werden und zum Ackerbau übergehen, also als Bauern im Kulturland leben, ganz selbstverständlich auch die Religion der Kulturlandbewohner übernehmen.

Im Fall der Israelstämme würde das bedeuten, daß sie eigentlich zum kanaanäischen Fruchtbarkeitskult des Baal und der Astarte hätten überwechseln müssen. Und tatsächlich scheint die Versuchung für viele Israeliten so groß gewesen zu sein, daß sie den Baalskult übernahmen oder zumindest Jahwe und Baal gleichzeitig verehrten, nach dem Motto: Man kann ja nie wissen – und doppelt hält besser! In gewisser Weise war eine solche Entscheidung durchaus verständlich. Denn der Baalskult war genau auf die Lebensbedingungen und Bedürfnisse von Ackerbauern im Kulturland abgestimmt. Baal sorgte dafür, daß der Regen zur rechten Zeit einsetzte und daß die Ernte gedieh. Die Göttin Astarte dagegen sorgte für Fruchtbarkeit bei Mensch und Tier. Jedes Dorf hatte einen kleinen Tempel, in dem die Figuren von Baal und Astarte standen. Dort wurden ihnen von den Baalspriestern Opfer gebracht, die die Dorfbewohner zu entrichten hatten. Blieb der dringend benötigte Regen dennoch aus, wurden die Opfergaben wertvoller – bis hin zu Menschenopfern.

Trotz alledem schien es vielen Siedlern sinnvoll und logisch, den Baalskult zu übernehmen: Jahwe war für den Weg durch die Wüste zuständig gewesen – doch mit Regen und Ernte hatte er sich nie beschäftigt. Dafür sorgte der Baal. Natürlich verstieß eine solche Haltung gegen das erste Gebot. Und diejenigen, die sich an die Gebote Jahwes hielten, konnten die Hinwendung zur Baalsverehrung niemals gutheißen. In vielen Geschichten aus der Zeit des staatlichen Israel wird vom Kampf zwischen dem Jahweglauben und dem Baalskult berichtet, und in vielen Prophetenbüchern wird gegen den Abfall Israels von Jahwe und die Hinwendung zum Kult der heidnischen Fruchtbarkeitsgötter polemisiert. Wie sehr dabei das Verhältnis zwischen Jahwe und Israel als eine personale Beziehung gesehen wird, kommt nicht zuletzt darin zum Ausdruck, daß in diesen prophetischen Polemiken Israel häufig als treulose Geliebte Jahwes bezeichnet wird, als Hure, die sich mit anderen ›Göttern‹ einläßt.

Doch scheint es, als habe solche Polemik für Jahwe ihre Wirkung auf die Dauer doch nicht verfehlt. Trotz der Attraktivität des Baal und der Astarte kann sich der Jahweglauben aus der Wüste in Israel halten. Das hat allerdings auch noch einen weiteren Grund. Nach und nach übertrugen die Jahwegläubigen Jahwe alle Funktionen, die bis dahin dem Baal vorbehalten waren. Jahwe sorgte für eine gute Ernte; er schuf das Leben und erhielt es. Er konnte kinderlose

Frauen fruchtbar machen. Der Gott aus der Wüste erweiterte seinen Kompetenzbereich. Sehr deutlich wird das in dem alten Glaubensbekenntnis Israels, das, wohl in bewußter Abgrenzung gegen den Baal, bei dem jährlichen Erntefest Israels gesprochen wurde. In diesem Bekenntnis wird Jahwe als Gott bekannt, der sein Volk aus der Wüste in das »gelobte Land« geführt und zugleich für das Gelingen der Ernte gesorgt hat. Jahwe, der Wüstengott, war nun auch für die Belange der Kulturlandbewohner zuständig. Damit war erstmals eine monotheistische Religion im Kulturland entstanden.

Diese Entwicklung ist religions- und kulturgeschichtlich von großer Bedeutung. Denn sie war die Voraussetzung für die Entstehung der ersten bedeutenden monotheistischen Religion.

Die monotheistische Stammesreligion der Nomaden konnte noch keine besondere Bedeutung entfalten. Sie blieb auf den Mikrokosmos einer Wüstensippe beschränkt. Auch war dort niemand in der Lage, etwas schriftlich aufzuzeichnen und der Mit- oder Nachwelt zu hinterlassen, was über den Glauben der Nomadenstämme Auskunft gegeben hätte. Mit dem Übergang zur Kulturlandexistenz und zur Kulturlandreligion wird das alles anders. Jahwe, der ehemalige Sippengott aus der Wüste, erhält einen Tempel, einen Kult, eine Priesterschaft und vor allem – eine eigene geschriebene Geschichte, Lieder, Gebete und Bekenntnisse, die aufgeschrieben werden, und Propheten, die seine Sache vertreten.

Damit ist die erste monotheistische Weltreligion entstanden, auf der die beiden weiteren, das Christentum und der Islam, aufbauen werden. Sie entstand, weil es Menschen in Israel gab, die ihren Nomadengott Jahwe nicht in der Wüste zurückließen, sondern ins Kulturland mitnahmen.

Den letzten, entscheidenden Aufstieg zum Schöpfer und Herrn der Welt machte der Gott Israels, als es scheinbar wieder einmal mit ihm zu Ende war.

In der staatlichen Zeit Israels, während der erst vereinigten, dann getrennten Königreiche im Norden und im Süden war er, mehr oder weniger angefochten, der Volksgott der Israelstämme. Sein Tempel in Jerusalem, von David geplant und von König Salomo um 950 v. Chr. erbaut, erschien vielen als Garantie dafür, daß Jahwe die Sicherheit Israels und den Schutz vor seinen Feinden übernehmen würde. Diese Haltung kritisierten übrigens viele Propheten. Sie sahen in ihr eine Veräußerlichung und eine Verkultung des Jahweglaubens und forderten statt dessen zum Halten der Gebote Jahwes und zur Herstellung von Recht und Gerechtigkeit in Israel auf. Sie wiesen darauf hin, daß die Existenz des Tempels keineswegs die Hilfe Jahwes und die Sicherheit des Landes garantiere.

Sie sollten recht behalten. Nach dem Fall des Nordreichs, das im Jahre 722 v. Chr. dem Ansturm Assyriens zum Opfer gefallen war, erobert der Großkönig Nebukadnezer aus Babylon im Jahre 587 v. Chr. auch das südliche Königreich Juda, nimmt die Hauptstadt Jerusalem ein und zerstört den Tempel. Die Angehörigen der Oberschicht des Landes einschließlich der Priesterschaft werden nach Babylon mitgenommen. Sie leben dort als Fremdarbeiter, dürfen aber ihre religiöse Eigenständigkeit behalten.

Und nun geschieht wieder etwas Ungewöhnliches. Normalerweise ist ein Gott, dessen Volk vernichtend geschlagen und dessen Tempel zerstört wird, in der damaligen Zeit entmachtet. Denn die Götter der siegreichen Feinde haben sich unzweifelhaft als mächtiger erwiesen. In der Regel hat das zur Folge, daß ein besiegter Gott seine Anhänger an die überlegenen Götter verliert.

Nicht so der Gott Israels. Die versprengten Reste seines Volkes in Babylon halten an ihm fest. Der Schöpfungsbericht der Priester entsteht: In ihm wird behauptet, der Gott Israels sei der Schöpfer des Himmels und der Erde. Sonne, Mond und Sterne, die in Babylon göttliche, schicksalsbestimmende Bedeutung haben, werden in dieser Schöpfungsgeschichte von Gott wie Lampen an den Himmel gehängt. Dieser Gott ist nicht auf einen Tempel angewiesen. Er ist auch souverän genug, sein eigenes Volk durch die Babylonier für den Abfall von seinen Geboten zu bestrafen. Der geschlagene Volksgott wird zum Herrn der Geschichte und zum Lenker der Völker – er hat die Babylonier selbst in Marsch gesetzt, um seinem Volk Israel zu zeigen, wer hier der Herr ist! Und er hat auch die Macht, Israel in die Heimat zurückzuführen, wenn es ihm gefällt.

Aus dem früheren Stammesgott, der bereits zum Volksgott avanciert war, wird nun der Weltgott, der Schöpfer des Himmels und der Erde, der Herr der Welt und der Völker, der Lenker der Geschichte. Er heißt nun nicht mehr Jahwe, sondern »Elohim«, Gott. Er muß sich nicht mehr durch einen eigenen Namen von anderen Göttern unterscheiden: Es gibt keinen anderen Gott außer ihm.

An diesem Glauben hat Israel festgehalten, auch nach der Rückkehr in die zerstörte Heimat. Dort wurde zwar der Tempel wieder aufgebaut. Dort hoffte man auch auf wirtschaftlichen Aufschwung und Wiederherstellung des vergangenen Königreiches Davids. Aber daraus wurde nichts. Nationale Eigenständigkeit hat das Land in der damaligen Zeit nicht mehr erlangt. Es blieb eine wirtschaftlich arme, von anderen Mächten abhängige und ausgebeutete Provinz – erst im persischen, dann im griechischen und zuletzt im römischen Großreich.

Das ist der Grund, warum Israel immer weniger eine nationale Größe und immer mehr eine religiöse Größe wurde. Daraus entstand nun erst eigentlich das Judentum – mit einer kanonisierten »Heiligen Schrift« und mit durch Gesetze geregelten religiösen Riten. Denn die Integrität und Identität des jüdischen Volkes wurde nun in erster Linie durch die gemeinsame Religion hergestellt. Der Sabbat erhielt eine immer größere Bedeutung. Es kommt nicht von ungefähr, daß der Schöpfungsbericht, den die Priester um 500 v. Chr. im babylonischen Exil schrieben, auf die Einrichtung des Sabbat und der Sabbatruhe zugespitzt wird. Zwar hatte das Sabbatgebot als soziales Gebot schon immer eine große Bedeutung in Israel. Jetzt aber wird der Schwerpunkt auf die religiöse Bedeutung des Sabbat gelegt – denn die gemeinsame Sabbatruhe und Sabbatfeier unterschied nun das jüdische Volk von den heidnischen Völkern ringsum, und es einte alle Juden, die im Land und die, die immer mehr auch in der ausländischen Diaspora lebten.

Doch noch etwas einte alle Juden in den letzten drei Jahrhunderten vor unserer Zeitrechnung: die Hoffnung auf den Messias, den neuen »Gesalbten« und Gesandten Gottes, der das Elend Israels beendet. Allerdings gingen dabei die Erwartungen im einzelnen auch auseinander. Für die einen sollte der Messias der »neue David« sein, der Israel zu neuer nationaler Größe führen würde. Andere dagegen – wie zum Beispiel die meisten nachexilischen Propheten – erwarteten das Heil Gottes nicht mehr in nationalen Schranken: Der Messias sollte der Friedefürst für alle Völker werden.

Um die Zeitenwende hatte die Erwartung des Messias einen Höhepunkt erreicht. Die römischen Besatzer und die einheimische Oberschicht ließen großen Teilen der Bevölkerung kaum noch eine Grundlage zum Leben. Wanderprediger traten auf, Nachfolger der

Propheten Israels, die mit einer Gruppe von Anhängern, meist armen Leuten, durch das Land zogen und den baldigen Anbruch des Reiches Gottes verkündeten.

Einer von ihnen ging ziemlich weit. Er predigte von Recht und Gerechtigkeit für die Armen, griff den Tempelkult und die Tempelpriesterschaft an und stellte, wenn es ihm sinnvoll und menschlich erschien, unbekümmert religiöse Gesetze in Frage – mit der Begründung, sie seien für die Menschen gemacht, aber nicht umgekehrt. Er vereinfachte die Gottesbeziehung, indem er die Gebote und Gesetze unter das oberste Gebot der Liebe zu Gott und dem Nächsten stellte. Er nannte den heiligen Gott »Abba« – »Väterchen« – und tat so, als ginge er sozusagen bei ihm aus und ein. Er ließ sich von Prostituierten die Füße salben, bewahrte Ehebrecherinnen vor der Steinigung, ließ sich von betrügerischen Zolleinnehmern zum Essen einladen und kommentierte das alles mit der Bemerkung: Nicht die Gesunden brauchen einen Arzt, sondern die Kranken. Als er kurz vor dem Passahfest die Opfertierverkäufer und Geldwechsler aus dem Vorhof des Tempels jagte, war das Maß voll. Am 14. Nisan des Jahres 30 n. Chr. (?), an einem Freitag vor Beginn des Passahfestes, wurde er gekreuzigt, wegen Aufruhrs gegen die politische und religiöse Ordnung der römischen Provinz. Die Kreuzigung war Rebellen gegen die Macht Roms vorbehalten. Die Römer waren es, die das Urteil erließen und vollstreckten. Viele Juden, die den römischen Herren zu gefährlich erschienen, kamen auf diese Weise zu Tode. Einer von ihnen war der bei jüdischen wie römischen Oberen gleichermaßen unbeliebte Jesus aus Nazareth.

Und noch einmal geschieht nun etwas Unerwartetes. Die zunächst verstörten und versprengten Anhänger des gekreuzigten Jesus verlassen ihre Verstecke und behaupten, Jesus lebe weiter. Mehr noch, er sei der von Israel erwartete Messias, der Sohn Gottes, und er werde wiederkommen, um das Reich Gottes endgültig auf die Erde zu bringen. In der Zwischenzeit werde seine Gemeinde in seinem Sinne leben und wirken.

Das ist die Geburtsstunde des Christentums.

Aus Jesus, dem Verkündiger des Reiches und des Willens Gottes, ist der Verkündigte geworden, der nun selber zum Inhalt und Grund eines neuen Glaubens wird – auch wenn er selber das zu seinen Lebzeiten weder geahnt noch beabsichtigt hat.

Das Christentum entsteht, weil Menschen der Überzeugung waren, daß sich der Gott Israels in Jesus ein weiteres Mal offenbart hat. Der im Laufe seiner Geschichte immer weiter in den Himmel entrückte, unnahbar gewordene Gott des Himmels und der Erde ist in Jesus zu den Menschen zurückgekommen. In ihm zeigt Gott den Menschen ein neues Gesicht. Er wurde der Vater aller, die sich als Schwestern und Brüder Jesu verstanden. Und der erste »Heidenapostel« Paulus, der bald darauf diesen neuen Glauben in die Zentralen des römischen Reiches trägt, macht deutlich, daß diese neue Familie keine nationalen Grenzen kennt. Christen sind alle, die Gott in seinem Sohn Jesus Christus neu erkennen und in seinem Geist leben und handeln.

Das ist die Geschichte Gottes – von Abraham bis Jesus. Es ist sicher nicht ganz einfach, sich an den Gedanken zu gewöhnen, daß die Geschichte und das Bild Gottes so eng mit den Menschen und ihrer Geschichte zusammenhängen. Für manchen wird diese Erkenntnis die Bestätigung der These Feuerbachs sein, daß Gott nichts anderes sei als eine Projektion von Menschen – wenn auch in diesem Fall eine recht kühne Projektion. Für andere wiederum mag es faszinierend sein, »daß Gott sein Wort in menschlicher Sprache zu sprechen für gut befunden hat – profan ausgedrückt, daß wir nur Ideen von Menschen, Ideen menschlicher Köpfe kennen und nichts anderes, keine direkten, supranaturalen Offenbarungen ... Gott hat (besser: will haben) keinen anderen Mund als unseren Mund« (Helmut Gollwitzer)[2]. Gottes Wort geht durch den Mund von Menschen, Gottes Handeln ist nur durch das Handeln von Menschen erfahrbar, Gottes Existenz ist eine Sache des Glaubens von Menschen.

»Gott hat keine anderen Hände als deine!« steht auf einem Plakat des Hilfswerkes »Brot für die Welt«.

Und als vor einiger Zeit ein kämpferischer Freigeist die Parole »Gott ist tot! Nietzsche« an eine Wand der Bochumer Universität sprühte, wird es wohl auch ein menschlicher Kopf gewesen sein, der auf die Idee kam, in der Nacht darauf die Feststellung »Nietzsche ist tot! Gott« darunterzusetzen.

Wir kommen nicht darum herum – es gibt keinen objektiven Beweis für die Existenz Gottes. Auch die Bibel liefert ihn nicht. Es gibt nur die Worte und Taten von Menschen, die an Gott glauben.

Die Bibel – eine Geschichte
von Frauen und Männern

Die Erkenntnis, daß »Gott keinen anderen Mund als unseren Mund« hat, ist eng verbunden mit der Einsicht, daß die biblischen Texte von der gesellschaftlichen Realität ihrer VerfasserInnen geprägt und durchdrungen sind. Diese ist in der Zeit, in der die Frauen und Männer Israels ihre Geschichte erleben, erzählen und theologisch durchdenken, die Realität einer patriarchalisch strukturierten Ordnung innerhalb einer mehr oder weniger ausgeprägten feudalen Sklavenhaltergesellschaft. Die Meinung, in der Bibel hätten sich feministische und demokratische Konzepte im Sinne der Neuzeit entwickeln können, ist eine idealistische Illusion. Insofern beklagen Frauen heute zu recht, daß die weibliche Seite der Geschichte Gottes und seines Volkes in der biblischen Überlieferung nicht angemessen zu Wort kommt.

Vertreterinnen einer radikalfeministischen »Theologie« haben daraus den Schluß gezogen, daß die jüdisch-christliche Gottesvorstellung von Grund auf sexistisch und daher für Frauen heute unannehmbar geworden sei. Wo im Himmel kein Platz für Frauen sei, weil der himmlische »Thron« von dem »einzigen« Gott – oder, in der christlichen »Variante«, von gleich drei »Männern«: Vater, Sohn und Geist – besetzt gehalten wird, bleibe den Frauen nur noch der Auszug aus dem Männerverein und die Hinwendung zu einer neuen, weiblichen Religiosität, die sich auf weibliche Gottheiten, auf Frauenkraft und Frauenweisheit besinne. Auf den ersten Blick ist diese radikale Konsequenz zumindest verständlich. Denn zweifellos ist der Gott Israels zunächst einmal ein Männergott, ein Patriarch, und auch das Neue Testament hält an der Vorstellung von Gott, dem Vater, fest. Die kirchliche Lehre schließlich schreibt mit dem Bekenntnis zu dem »dreieinigen« Gott die Männerherrschaft im Himmel fest, die allenfalls durch Maria, die »Gottesmutter« und »Himmelskönigin«, ausgeglichen wird. Ihr wurden dabei übrigens die Züge der alten Muttergottheiten – Demeter, Isis, Artemis – übertragen, die wie sie

»virgo et mater«, Jungfrau und Mutter zugleich waren, weil sie nach Meinung ihrer VerehrerInnen neues Leben aus sich heraus, »parthenogenetisch«, hervorbrachten. Für radikale Feministinnen ist die »Regierungsperiode« dieser Muttergottheiten die Zeit, in der die Welt noch in Ordnung war. Für sie beginnt die Epoche der Gewalt gegen Menschen und Natur mit dem Auftauchen eines männlichen Schöpfergottes, der die Einheit von Mensch und Natur zerstört, die Natur entgöttlicht und den Menschen – den Männern! – zur Ausbeutung überläßt.

In dieser vereinfachten Form hat die radikalfeministische Kritik am biblischen Gottesbild Eingang in zahlreiche ökologisch und feministisch bewegte christliche Frauenkreise gefunden. Sie sehen in der Rückkehr zur Muttergöttin einen Weg zum Ausstieg aus einer Gesellschaft, die als zunehmend undurchschaubar und zerstörerisch empfunden wird. Leider aber ist die Welt der Muttergöttinnen und ihrer Fruchtbarkeitskulte keineswegs so heil gewesen, wie sie in der alternativen Frauenszene gern gesehen wird. Alle Opferkulte haben auch ihre grausame Seite, weil es bei ihnen um die Sicherung des Überlebens inmitten einer eben auch feindlichen, unbewältigten Natur geht. Angesichts dieser Realität war es sicher eher eine Befreiung, von einem Gott zu hören, der die Natur entzauberte und von sich sagen ließ, er wolle keine Opfer, sondern Barmherzigkeit.

Doch das ist nicht das einzige, was an diesem Gott positiv überrascht. Feministische Theologinnen, die zunächst die Kritik an den patriarchalischen Zügen der biblischen Tradition durchaus teilen, weisen dennoch darauf hin, daß es im Alten wie im Neuen Testament Vorstellungen und Perspektiven gibt, die die herrschende Realität des Patriarchats durchbrechen und transzendieren.

Das gilt bereits für die biblische Gottesvorstellung selber. Das Bild von Gott, das nach und nach im Glauben Israels entsteht, integriert nicht nur die Götter der Väter und der umliegenden Kulturen – in ihm werden auch die weiblichen Anteile der Muttergöttin vereinigt. Gerade deswegen soll man ja kein Gottesbild herstellen, damit Gott nicht auf ein einziges – zum Beispiel männliches! – Bild festgelegt wird. Der monotheistische Gottesbegriff sprengt die Geschlechterkategorien. Gott ist weder Mann noch Frau – er ist beides gleichzeitig. Am deutlichsten wird dies im ersten Schöpfungsbericht in Genesis 1*. Dort wird der Mensch als Abbild Gottes geschaffen, und zwar als Mann und Frau, wie eigens betont wird. Dieser bemerkenswerte Satz sprengt nicht nur nationale, rassische und soziale Grenzen, er sprengt auch die Grenzen des Patriarchats. Die Bedeutung dieser Vorstellung ist noch gar nicht zu Ende ausgelotet worden. Ebenso wie bei der Deklaration der Menschenrechte auf die Gottesebenbildlichkeit aller Menschen Bezug genommen wird, kann und muß diese Aussage auch zur Begründung von Frauenrechten dienen. Frauen wie Männer sind Abbild Gottes und damit gleichberechtigt. Umgekehrt gilt nun aber auch, daß an dieser Stelle die Vorstellung von einem Männergott durchbrochen wird. Gott ist schwarz und weiß, Mann und Frau: »She is black!«

Immer wieder kommen in den biblischen Texten auch weibliche Seiten Gottes zutage. Er kann trösten wie eine Mutter, versammelt seine Schutzbefohlenen wie eine Henne ihre Küken, sucht nach dem Verlorenen wie eine Frau nach einem Groschen. Solche Bilder von Gott sind nicht nur »Einsprengsel« in der Geschichte des »Vatergottes«. Die jüdische Tradition hat immer wieder darauf hingewiesen, daß die Wirkungsweisen Gottes in der hebräischen Bibel fast ausschließlich mit weiblichen Begriffen beschrieben werden. Die »Tora«, die Weisung und Weisheit Gottes, wird als Mitgestalterin der Schöpfung Gottes gesehen und als Tochter Gottes, die er mit Israel »vermählt«. Die »Ruach«, der Geist und »die Geistin« Gottes, gehört zu ihm seit dem Urbeginn, ebenso wie die »Schechina«, die »Einwohnung«, als die Art und Weise, mit der Gott alle Dinge durchdringt. Gottes Liebe und Barmherzigkeit ist die »Rechimu«, ein Begriff, der die Seinsweise des »Allerbarmers« beschreibt und von »Rechem«, Uterus, abgeleitet wird.[3] Feministinnen, die in verhängnisvoller antijudaistischer Tradition vom »jüdisch-monotheistischen Männlichkeitswahn«[4] reden, sollten erst einmal, am besten mit Hilfe ihrer jüdischen Schwestern, die hebräische Bibel und ihre authentische jüdische Auslegung wahrnehmen! Hier jedenfalls wird deutlich, daß der Gott der Bibel trotz seiner patriarchalen Geschichte nicht auf männliche Seins- und Verhaltensweisen festgelegt ist. Wer sollte also Frauen heute daran hindern, sich auf der Suche nach ihrer Identität und im Kampf um ihr Recht auch auf die »weibliche« Seite Gottes

---

* »Genesis« ist eine andere Bezeichnung für das 1. Buch Mose

zu berufen, dessen Abbild sie sind? In dem biblischen Gottesbild selbst ist die Transzendierung des patriarchalischen Gottesbegriffs angelegt.

Aber es gibt noch einen anderen Grund, warum die biblischen Texte so häufig die Strukturen der herrschenden Gesellschaftsordnung durchbrechen. Sie sind in großen Teilen und in einzigartiger Weise eine besondere Art der Geschichtsschreibung »von unten«. Eine solche Geschichte aus der Sicht des Volkes gibt es sonst aus dieser Zeit nicht. Was uns außerhalb der Bibel an Ereignissen und Ideen überliefert worden ist, entstand in den politischen, religiösen und kulturellen Machtzentren und spiegelt die Sicht der Privilegierten, der Machteliten der Zentren wider. Die zentralen biblischen Texte stammen aus der Peripherie, aus der Welt der Abhängigen und Machtlosen. Auch wenn sie nicht historische Annalen, sondern bereits im Glauben gedeutete und verdichtete Geschichte sind, so bleiben sie doch ein Dokument des Lebens der Bauern und Handwerker, der Fremdarbeiter und der Sklaven und berichten von ihren Kämpfen, ihren Leiden, ihren Hoffnungen, ihren Siegen, ihren Schwächen und Stärken, ihrer Verzweiflung und ihrem Glauben. »Der Held der Bibel ist der kleine Mann«, schreibt Luise Schottroff, und der Gott der Bibel ist »der Gott der kleinen Leute«.[5] Sicherlich – auch hier bleibt »die Frau des kleinen Mannes« häufig im Hintergrund. Dabei muß jedoch zugleich gesagt werden, daß immer dort, wo sie aus dem Hintergrund heraustritt, etwas ganz Besonderes geschieht. In der Beschreibung »der großen Ereignisse der Weltgeschichte ... von unten, aus der Perspektive der Ausgeschalteten, Beargwöhnten, Schlechtbehandelten, Machtlosen, Unterdrückten und Verhöhnten« (Dietrich Bonhoeffer)[6] nehmen die biblischen Frauengestalten einen zentralen Platz ein. Zwar sind sie nicht in unserem heutigen Sinne gleichberechtigt und emanzipiert, und es gibt nur wenige, die ihre traditionelle Frauenrolle aufgeben. Sie streiten sich kaum mit ihren Männern, aber sie streiten oft ohne die Männer oder für die Männer mit – für das Leben, das Recht und die Menschenwürde aller.

Die biblischen Frauengeschichten bewahren in eindringlicher Weise eine grundlegende Erfahrung aus den Kämpfen der Unterdrückten um Brot und Menschenrecht: daß überall da, wo die Schwachen ihre Kraft entdecken, Frauen eine aktive Rolle spielen und ein neues Selbstbewußtsein entwickeln. Gerade die Frauen des »kleinen Mannes«, die bis dahin im doppelten Sinne »nichts zu sagen« hatten, können plötzlich aufstehen, handeln, reden, kämpfen, Widerstand leisten. Die Bibel hat diese weibliche Seite der Geschichte bewahrt. Mehr noch, sie hat ihr ein besonderes Gewicht dadurch gegeben, daß sie immer dann von der besonderen Widerstandskraft der Frauen erzählt, wenn ohne sie die Geschichte Gottes mit den Menschen nicht weitergegangen wäre.

Häufig treten Frauen dort in Aktion, wo scheinbar alles zu Ende, eine Lage hoffnungslos zu sein scheint. Sie haben offenbar den längeren Atem, ein stilles und starkes Durchhaltevermögen, wenn die Helden müde geworden sind. Sie sind der Beweis dafür, daß Gottes Kraft in den Schwachen mächtig ist!

Ohne diese weibliche Kraft hätte das Heilshandeln Gottes in der Welt nicht sichtbar werden können. Ohne das Aufbegehren zweier Hebammen und einer unbekannten Frau gegen die Mordgesetze des Pharao hätte es keinen Mose gegeben. Ohne Deborah, die zum Widerstand aufruft, keine Befreiung von der Fremdherrschaft. Ohne die Witwe aus Zarpath, die in der Solidarität der Armen ihr letztes Brot teilt, wäre der Prophet Gottes verhungert. Ohne die jüdischen Frauen, die als erste die Botschaft von der Auferstehung des gekreuzigten Messias verkündeten, wäre Jesus für immer tot und begraben. Und die Geschichte des Urchristentums ist nicht vorstellbar ohne die »starken Frauen«, die in alten, aber auch in neuen Rollen, als Lehrerinnen und Prophetinnen, eine neue Gemeinschaft auf den Weg bringen.[7] Zugegeben: Die Kraft jener Frauen hat nicht ausgereicht, die patriarchalen Strukturen in Kirche und Gesellschaft entscheidend zu verändern. Aber sie hat im kirchlichen Untergrund weitergewirkt, wie sehr auch die Kirche der Männer und der Mächtigen die weibliche Tradition wie überhaupt die Tradition des Widerstands verdrängt und unterdrückt hat. In allen kirchlichen Erneuerungsbewegungen standen Frauen an vorderster Front. Und was sollte Frauen heute daran hindern, sich in die Nachfolge ihrer biblischen Schwestern zu begeben und ihre Erfahrungen zu nutzen im Kampf für Frauen- und Menschenrechte?

Diese Tradition der Befreiung jedenfalls sollte von Frauen nicht aufgegeben werden, und sie sollte auch nicht ersetzt werden durch den auf den ersten Blick verführerischen Versuch, den Himmel noch einmal mit weiblichen Figuren auszustatten. Die biblische Vorstellung von Gott, der sich in die Geschichte begibt, weil er die Klagen der Unterdrückten hört, und der sich zuletzt in dem gekreuzigten Propheten aus Nazareth offenbart, hat eine klare Tendenz von oben nach unten. Sie wird nicht zuletzt durch jenen Text unterstrichen, nach dem der »Sohn Gottes« von einem Mädchen aus dem Volk geboren wird. Hier wird noch einmal und endgültig der Gott offenbar, der »die Mächtigen vom Thron stürzt und die Niedrigen erhöht«.

Diese Umkehrung von oben nach unten ist von der kirchlichen Tradition rückgängig gemacht worden, indem sie den Sohn und seine Mutter mit den christologischen und marianischen Dogmen in den Himmel zurückschickte. Der radikale Feminismus, der Maria zur »geheimen Göttin im Christentum« erklärt und den Weg zurück zur Muttergöttin propagiert, bleibt in dieser Logik. Die befreiende Perspektive für Frauen und andere Menschen liegt aber gerade in der Solidarität des in die Welt gekommenen Gottes mit all jenen Frauen und Männern, die damals wie heute um Menschenrecht und Menschenwürde kämpfen.

Die Bibel – ein Buch über Gott und die Welt

Die Geschichte vom Paradies und vom Verlust des Paradieses steht am Anfang eines großen Erzählwerkes über die Geschichte der Menschheit im allgemeinen und des Volkes Israel im besonderen. Nicht, weil sie zuerst »passiert« wäre, sondern weil hier grundlegende Überlegungen zum Zustand der Welt und der Menschheit angestellt werden. Hier wird darüber nachgedacht, wie die Welt sein *sollte*, wie sie tatsächlich *ist* und warum sie so *wurde*, wie sie ist! Selbst Menschen, die sonst kaum noch etwas aus der Bibel kennen, haben hier ganz bestimmte Bilder im Kopf: vom Paradiesgarten, von Eva aus der Rippe des Adam, von der nackten Verführerin mit dem Apfel in der Hand. Diese Bilder haben viele folgenreiche Mißverständnisse hervorgerufen. Vor allem aber ist über ihnen in Vergessenheit geraten, was in den Texten von Genesis 2 und 3 wirklich steht.

Der Erzähler stellt seinen Zuhörern und Lesern im ersten Teil der Paradiesgeschichte die Welt vor, die Gott gewollt hat. Der Mensch – »Adam« – wird aus Erde »Adamah« – gemacht. Hier wird deutlich, daß auch für den biblischen Erzähler die Menschen »Söhne der Erde« sind, Geschöpfe Gottes wie die Tiere und Pflanzen, und daß daraus eine gegenseitige Abhängigkeit von Mensch und Natur erwächst. Trotzdem ist die Bibel fern von ökologisch-romantischer Einseitigkeit. Die Menschen – das ist die Erfahrung des Erzählers – müssen die Natur nicht nur erhalten und bewahren, sondern auch bewältigen und beherrschen: Der Wüste muß Leben abgerungen, die Herden müssen geschützt werden. Wie so oft in biblischen Texten spiegelt sich auch hier die Erkenntnis, daß das Leben und die Geschichte aus Widersprüchen besteht, die nicht mit einfachen, einseitigen Antworten aufgelöst werden können, sondern ausgehalten und produktiv verarbeitet werden müssen. Adam, so fährt die Erzählung fort, ist zwar Teil der Erde, aber doch auch etwas Besonderes: Er bekommt als einziges Geschöpf den Atem Gottes eingehaucht. Das begründet seinen Schöpfungsauftrag; er soll, als Mitarbeiter Gottes, die Erde bebauen und bewahren. Als Zeichen seiner

Herrschaft über die Natur darf er den Tieren Namen geben. Zuletzt wird aus der Rippe des Mannes die Frau geschaffen. Damit ist die Welt »komplett«. Insbesondere die Schilderung dieses letzten Schöpfungsaktes hat Generationen von Männern ein stolzes Gefühl der Überlegenheit und ebensovielen Frauengenerationen Anlaß zu heftiger Empörung gegeben, die sich schließlich auch darin äußerte, daß sie den Spieß umdrehten: »Als Gott den Mann schuf, übte sie noch!« Liest man den Text allerdings genauer, so läßt sich aus ihm weder eine Vorrangstellung des Mannes noch die Annahme ableiten, daß die Frau die zweite verbesserte Auflage des Menschen sei. Zunächst wird in der Geschichte sehr richtig festgestellt, daß der Mensch – der Mann! – nicht allein sein kann. Daraufhin wird erzählt, daß die Tiere geschaffen werden, um am Ende festzustellen, daß unter diesen Geschöpfen keines dem Mann ein wirklicher Partner sein kann. Dieses Wesen muß aus dem gleichen »Stoff« sein: »Diese ist nun Bein von meinem Bein und Fleisch von meinem Fleisch!«

Noch einmal: Das ist ja nicht wirklich *so* passiert! Warum also wird es *so* und nicht anders erzählt? Doch wohl, um die Gleichwertigkeit der Frau und des Mannes zu betonen. Die rabbinische Auslegung der Geschichte kommt übrigens zu dem gleichen Schluß. Sie weist darauf hin, daß das hebräische Wort für »Rippe« auch mit »Seite« übersetzt werden kann und folgert daraus: Hätte Gott gewollt, daß der Mann über die Frau herrsche, hätte er sie aus seinen Füßen geschaffen; hätte er die Frau zur Herrscherin über den Mann berufen, wäre sie seinem Kopf entsprungen; Gott aber schuf sie aus seiner Seite, und daher ist sie ihm gleichgeordnet. Dieser Gedanke wird durch den abschließenden Satz noch verstärkt: »Darum verläßt der Mann Vater und Mutter und hängt seinem Weib an und sie werden ein Leib.«

So weit, so gut. Doch die Geschichte ist noch nicht zu Ende. Die Früchte des Baumes in der Mitte des Gartens (von Äpfeln ist nirgends die Rede!) sind für die Menschen tabu. Die Schlange weiß, warum: »Sobald ihr davon eßt, werden euch die Augen aufgehen und ihr werdet sein wie Gott ...« Das also und nichts anderes ist die »Ursünde« der Menschen: Sie wollen sein wie Gott!

Die biblischen Texte lassen im folgenden keinen Zweifel daran, daß hier der tiefste Grund für die nun beginnende Gewaltgeschichte liegt. Menschen, die wie Gott sein wollen, streben nach unbeschränkter Macht über die Mitmenschen und über die Mitgeschöpfe. Der Mensch, der sich selbst zum Gott macht, wird unfähig zur Mitmenschlichkeit und zur Mitgeschöpflichkeit.

Der Erzähler von Genesis 3 macht dies an einigen eindringlichen Beispielen deutlich. Er will zeigen, daß das Sein-wollen-wie-Gott in eine dreifache Entfremdung führt: zur Entfremdung zwischen Gott und den Menschen, zwischen den Menschen und zwischen Menschen und Natur. Erst jetzt kommen die großen Menschheitsprobleme ins Spiel: das Bedürfnis der Menschen, sich voreinander zu schützen; die entfremdete Arbeit auf dem dornigen Acker; der immerwährende Kampf zwischen der Frau und der Schlange; die Schmerzen bei der Geburt und jetzt auch – aber erst jetzt! – die Herrschaft des Mannes über die Frau. Diese Herrschaft ist also nicht gottgewollte Schöpfungsordnung, sondern Folge und Zeichen der Entfremdung. Am Beispiel des »ersten« Menschenpaares wird paradigmatisch dargestellt, daß nun die Herrschaft von Menschen über Menschen beginnt. Das ist die Sünde der Menschen. Der Wille Gottes ist es nicht. Es ist entscheidend wichtig, angesichts der politischen, ökonomischen und ökologischen Katastrophen unseres Jahrhunderts an dieser Erkenntnis festzuhalten. Weder menschliches Macht- und Profitstreben noch politische und ökonomische Sachzwänge sind durch göttlichen Willen und göttliche Ordnung legitimiert. Aber auch die Annahme der kirchlichen Tradition, daß die durch die Erbsünde verdorbene Menschheit am Zustand der Welt nichts ändern könne, läßt sich von der Bibel her nicht begründen. Im Gegenteil! Die Frage, die nach der Erzählung vom Paradies die ganze biblische Tradition durchzieht, lautet: Wie kann das Verhältnis zu Gott wieder in Ordnung kommen? Wie kann die Welt wieder heil werden? Wie ist der Weg beschaffen, der die Menschen wieder in ein zukünftiges Paradies, in das Reich Gottes führt? Denn das ist die befreiende Botschaft, die in der Erzählung vom Paradies mitschwingt: Was einmal gut *war*, kann auch wieder gut *werden*. Mit der Vorstellung, daß die Welt als ursprünglich gute Schöpfung Gottes einen idealen Urzustand kannte, gibt uns die Bibel die unauslöschliche Hoffnung darauf, daß die Welt veränderbar und verbesserbar ist – und die Aufgabe, mit dafür zu sorgen, daß sie bewohnbar wird für alle: »Das Paradies liegt nicht hinter uns wie ein schöner, für immer vergangener Traum. Es liegt vor uns als eine Aufgabe, die sich jederzeit neu stellt.« (Etienne Charpentier)[8]

Daß sich den Menschen, die von Gott und seiner Schöpfungsordnung wissen, diese Aufgabe stellt, steht für die Bibel ebenso außer Zweifel wie die Erfahrung, daß die Erfüllung dieser Aufgabe immer nur unzulänglich gelingt. Die Erzählung in Genesis 2 und 3 warnt vor beidem: vor dem Optimismus, der das Paradies allein aus menschlicher Kraft auf die Erde zurückholen möchte, und vor dem Pessimismus, der die Welt als Ort der Sünde sich selbst überlassen und im Glauben überwinden will. Die Geschichten vom Paradies und dem Verlust des Paradieses bilden eine dialektische Einheit. Sie berichten nicht ein zeitliches Nacheinander, sondern die zwei Seiten der Welt und des Menschen. Die Geschichte vom Verlust des Paradieses will die gute Schöpfung Gottes und ihre Ordnung weder aufheben noch in Frage stellen. Sie macht vielmehr deutlich, warum und wodurch sie immer wieder gefährdet ist. Und sie läßt die Möglichkeit offen, daß der Mensch zur Erkenntnis dieser Gefährdung und zur Umkehr fähig ist, zur Wiedergewinnung von Mitgeschöpflichkeit und Mitmenschlichkeit.

Deshalb finden sich schon in der biblischen Tradition selbst konkrete Vorschläge zur Durchbrechung von Herrschaft und Gewalt und Entwürfe einer zukünftigen gerechten Gesellschaft. Dabei ist die utopische Schilderung des messianischen Friedensreiches in Jesaja 11 wohl das eindeutigste »Gegenstück« zu der Geschichte vom Verlust des Paradieses. Dort wird der Friede, den der Messias bringt, die dreifache Entfremdung zwischen Gott, Mensch und Natur aufheben – bis dahin, daß ein Menschenkind mit der Schlange Frieden schließt. Der Messias ist der von Gott gesandte König, der nicht »wie Gott sein« will, der nicht sein eigenes Recht, sondern das Recht Gottes aufrichtet, der die Herrschaft von Menschen über Menschen beendet und damit Frieden und Gerechtigkeit – »Schalom« – möglich macht.

Doch es gibt nicht nur diesen utopischen Entwurf. Die prophetische Vision des Jesaja steht bereits in einer langen Tradition, in der nach Alternativen für das Hier und Jetzt gefragt wird. Sie beginnt in dem geschichtstheologischen Werk des Jahwisten mit der Geschichte Israels, das nun eine besondere Rolle in der Menschheitsgeschichte erhält. Israel ist das »auserwählte Volk« – nicht aufgrund seiner besonderen Qualitäten, sondern weil an einem Ort der Welt die Herrschaft Gottes gelten soll. Israel soll ein alternativer Gesellschaftsentwurf sein und dadurch ein Beispiel und »ein Segen« für alle Völker. Ihm wird das Recht und Gesetz Gottes geoffenbart – der einzige Weg zurück zu Gott und seiner guten Ordnung.

Der Kern dieser Rechtsordnung ist das Sabbatgebot. Der Sabbat ist der Tag Jahwes; an diesem Tag sind alle frei, auch der Sklave, auch der Fremde, auch das Vieh und das Land. Wenigstens an einem Ort und an einem Tag soll man ahnen können, wie die Welt ursprünglich gedacht war und was Herrschaftsfreiheit bedeutet.

»Was ist der Sabbat? Eine Erinnerung an jedermanns Königswürde, eine Aufhebung der Unterscheidung von Herr und Knecht, reich und arm, Erfolg und Fehlschlag. Den Sabbat feiern bedeutet, unsere letzte Unabhängigkeit von Zivilisation und Gesellschaft zu erfahren, von Leistung und Angst. Der Sabbat ist eine Verkörperung des Glaubens, daß alle Menschen gleich sind und daß die Gleichheit der Menschen ihren Adel ausmacht«[9], schreibt Abraham Joshua Heschel. In der Sabbatgesetzgebung des alten Bundes ist jenes subversive Element verborgen, das die zentralen Traditionen des Alten und Neuen Testaments durchzieht und das in vielfach abgewandelter Form in der Geschichte der revolutionären Bewegungen wiederkehrt.

Die Bibel – ein Text der Befreiung

Der Begriff »Text« kommt aus dem Lateinischen und bedeutet »Verdichtung«. Mit diesem Begriff wird bereits zum Ausdruck gebracht, daß jeder Text ein Produkt menschlicher Arbeit ist. Er wird hergestellt, um einzelne Worte in einen Zusammenhang zu bringen und dafür zu sorgen, daß sie einen Sinn ergeben.

Dieser Vorgang kann mit dem Herstellen eines Stoffes verglichen werden; bezeichnenderweise steckt der Begriff »Text« auch in dem Wort »Textil«! Ein Stoff entsteht dadurch, daß viele verschiedene Fäden ineinander verwoben werden und schließlich ein Ganzes bilden. So ähnlich sehen die Vertreter der strukturalen Textanalyse die Entstehung eines Textes. Ihnen verdanken wir die Einsicht, daß ein Text »wie ein Gewebe, das durch Verknüpfung bedeutungsfähiger Fäden ein sinnvolles Muster erhält«, betrachtet werden kann: »Wer das Webmuster kennt, kann auch die Bedeutung des Textes erschließen und versteht ihn richtig zu lesen.« (Kuno Füssel)[10]

Diese »Bedeutungsfäden«, die sich durch das »Weben« eines Textes zu einer Textstruktur und einem Sinnzusammenhang »verdichten«, funktionieren wie »Codes«, die mehr oder weniger offen oder verschlüsselt bestimmte Inhalte und Botschaften mitteilen. »Die Menge der Codes ergibt, sobald diese im Gang der Lektüre an der Arbeit sind, ein Geflecht (Text, Gewebe, Geflecht – das ist dasselbe!).«[11] In dieser Bemerkung des französischen Strukturalisten Roland Barthes wird schon unter der Hand eine weitere Einsicht formuliert: daß nämlich nicht nur die Herstellung, sondern auch die Lektüre eines Textes Arbeit ist, aktive Erschließung der Codes und produktive Aneignung von Sinnzusammenhängen. »Mit Lektüre meinen wir ... mehr als das bloße Herumstöbern in Texten und deren beliebige Aufnahme nach Lust und Laune. Mit Lektüre ist vielmehr das angestrebte Ringen um Sinn, das Entziffern der Bedeutungssysteme der Wirklichkeit gemeint ... es gilt also darauf zu achten, welchen Gebrauch wir von den Texten machen, wenn wir sie lesen.« (Kuno Füssel)[12]

Dabei ist zu beachten, daß kein Text die Gedanken eines Autors unmittelbar in den Kopf des Lesers »transportiert«. Gerade weil die Herstellung und die Lektüre von Texten sehr komplexe Vorgänge sind, zeichnen sich gute Texte dadurch aus, daß in ihnen ein vielschichtiges Leben und immer neue Deutungen verborgen sind.

Diese Erkenntnis ist nun für die Auslegung biblischer Texte von großer Bedeutung. Denn hier wird deutlich, daß sich das Verstehen dieser Texte nicht allein aus ihrer wissenschaftlichen Analyse, wie sie die historisch-kritische Forschung betreibt, bewerkstelligen läßt. Mit dieser Methode kann man einen Stoff auseinandernehmen, den Prozeß seiner Entstehung verfolgen, die Herkunft der einzelnen Fäden bestimmen, vielleicht sogar den berühmten »roten Faden« herausfinden. Das alles trägt zweifellos dazu bei, einen Text von seiner Herkunft her besser zu verstehen, kann aber auch dazu führen, die Ergebnisse dieser Textanalyse als einzige und endgültige Wahrheit eines Textes zu verabsolutieren und die Bedeutungsvielfalt biblischer Texte, das jeweils eigenartige »Webmuster«, aus den Augen zu verlieren. Schließlich verführt dieses Vorgehen auch zu der Annahme, man könne mit Hilfe historisch-kritischer Methoden so etwas wie eine »Urform« der Texte und damit die ursprüngliche Absicht oder gar das wirkliche Geschehen hinter der überlieferten Form zutage fördern. Daß dies zumindest immer wieder versucht wurde, ist sicher eine Spätfolge des reformatorischen Schriftverständnisses und der dort vollzogenen Trennung von Schrift und Tradition. So richtig es war, daß Martin Luther die kirchliche Tradition mit dem Maßstab der Schrift bewertete und kritisierte, so sehr geriet bei dem reformatorischen Schriftprinzip aus dem Blick, daß die Schrift selbst schon Tradition ist. *Jeder* biblische Text ist schon verarbeitete, verdichtete, gedeutete Wirklichkeit und keine unmittelbar zugängliche historische Realität oder gar göttliche Offenbarung. Insofern muß immer wieder betont werden, daß die wissenschaftlichen Methoden der Bibelauslegung genausowenig verabsolutiert werden dürfen wie eine kirchliche Lehrmeinung. Sie sind Hilfsmittel zum besseren Verständnis biblischer Botschaft, nicht aber der einzige Schlüssel zum Erschließen ihrer Wahrheit. Die jüdische Lehrtradition bringt es auf den Punkt, wenn sie erklärt, daß die Wahrheit des ewigen Gottes ohnehin durch den menschlichen Verstand – selbst den der TheologInnen! – nicht umfassend und endgültig ergründet werden kann. Sie setzt daher auf das immer neue Gespräch, die gemeinsame Suche nach der in der Schrift verborgenen Wahrheit, bei der man sich zwar auch auseinandersetzt, aber doch auf dem gleichen Weg weiß. Eine solche theologische Gesprächs- und Streitkultur, an der alle, nicht nur die »Fachleute« teilnehmen, würde der Vielfalt und Vielschichtigkeit biblischer Texte sicher eher gerecht als ihre dogmatische oder wissenschaftliche Vereinnahmung durch unterschiedliche Interessengruppen.

Um hier den Dialog über die Bibel wieder in Gang zu bringen, kann es hilfreich sein, die historisch-kritische Auslegungsmethode durch andere Zugangsformen zu relativieren und zu ergänzen. Eine von diesen alternativen Möglichkeiten bietet die Strukturanalyse, die den Text nicht auf seine Entstehung hin analysiert, sondern auf die Codes, die er enthält und die es zu deuten gilt. Allerdings teilt dieses Vorgehen mit der historisch-kritischen Forschung bereits den Grundsatz, daß jeder Text eine Entstehungsgeschichte hat. Nur wenn man in einem Text nicht länger einen statischen, unveränderbaren Ausdruck ewiger Wahrheiten, sondern das Produkt menschlicher Tätigkeit sieht, kann man auch produktiv mit ihm umgehen. Und schließlich: Um die Codes, die man in dem jeweiligen Text herausfindet, zu »knacken«, ist auch hier ein Wissen über ihren »Sitz im Leben«, ihre ursprüngliche Herkunft und Bedeutung erforderlich.

Was ist nun aber praktisch unter dem Versuch zu verstehen, die Codes eines Textes zu entschlüsseln? Es geht darum, herauszufinden, mit welchen Bildern und Begriffen ein Text Personen, Aktionen, Orte, Bewegungen, Ereignisse und Denkweisen aufeinander bezieht, wie also die vorhandenen Bedeutungsfäden beschaffen sind und miteinander verwoben werden.

Um diesen Vorgang an einem der möglichen Codes, dem »topographischen« Code, zu verdeutlichen: Wenn in biblischen Texten von bestimmten Orten die Rede ist, geht es häufig gar nicht um Geographie, sondern um Theologie. Wenn zum Beispiel Jesus die Grenze nach Samaria überschreitet, ist das mehr als ein geographischer Ortswechsel. Dort wird vielmehr mit einem topographischen Code eine bewußte »Grenzüberschreitung« Jesu angedeutet, die Bereitschaft des Messias, sich zu den Ausgegrenzten zu begeben. Oder wenn der Prophet Micha ankündigt, der Messias werde aus Bethlehem kommen, will er damit eine theologische und politische

Aussage machen. Er will andeuten, daß der »neue David« nicht in der Kontinuität des Jerusalemer Königshauses stehen wird, sondern des David aus Bethlehem, von dem erzählt wird, er habe dort die Herden seines Vaters gehütet, bevor er nach einer langen Aufstiegsgeschichte Jerusalem eroberte und zu »seiner« Stadt, aber auch zu einem von der Prophetie häufig kritisierten Macht- und Kultzentrum ausbauen ließ. Die Adressaten des Propheten Micha haben damals diesen Code sofort verstanden; wir müssen heute seine Bedeutung wieder neu entdecken.

Jedenfalls dürfte an diesen beiden kleinen Beispielen schon deutlich geworden sein, wie spannend und vielseitig biblische Texte werden, wenn man nicht nur ihre Oberfläche, sondern auch ihre Tiefenstruktur, die Bedeutung hinter den einzelnen Worten wahrnimmt, indem man sich daran macht, weitere – etwa soziale, mythologische, chronologische – Codes zu dechiffrieren. Es wird dabei aber auch deutlich werden, daß ein Text aus alter Zeit nicht nur eine Geschichte hat, sondern ebenso eine Gegenwart. Er ist ein Stück weit »autonom«, das heißt, er entfaltet ein »Eigenleben« auch unabhängig von seinem Autor und über seinen ursprünglichen »Sitz im Leben« hinaus – denn er wird ja von denen, die ihn lesen, immer neu angeeignet, ja in gewisser Weise »fortgeschrieben«, weil sie ihn mit ihrer eigenen Lebenserfahrung und Lebenspraxis füllen. Gerade bei den biblischen Texten, die ja schon mit der Absicht geschrieben wurden, mit ihren Adressaten etwas zu »machen«, ist das ein ganz normaler Vorgang; wir machen ihn uns nur nicht immer bewußt. Wir haben aber sicher auch schon die Erfahrung gemacht, daß ein biblischer Text, der uns lange unverständlich oder zumindest gleichgültig war, in einer veränderten Lebenssituation oder aufgrund neuer Praxiserfahrungen plötzlich verstehbar und lebendig wurde, einfach, weil er nun zu unserem Leben und Handeln paßte. Leben und Praxis sind also auch Schlüssel zum Verstehen und Aneignen eines Textes – vielleicht sogar die entscheidenden!

Beides aber, das Produzieren wie das Aneignen von Texten, sind nicht nur individuelle, sondern auch gesellschaftliche Vorgänge. Die Lebensbedingungen und der gesellschaftliche Standort der Produzenten und der Adressaten spielen dabei eine entscheidende Rolle. »Bibelauslegung muß (daher) immer drei Größen Rechnung tragen: erstens den Lebensumständen der Menschen, die in der Bibel sich zu

Wort melden oder über die berichtet wird; zweitens dem Text und seiner Eigenart, dem, was er sagen bzw. verschweigen will, seiner Eigenständigkeit (Autonomie) und Vielschichtigkeit (Polysemie); drittens dem Standpunkt des Lesers und der Eigenart der ihn bestimmenden individuellen und gesellschaftlichen Verhältnisse.« (Kuno Füssel)[13]

Daß der soziale Standort der Leser für das Verstehen biblischer Texte von großer Bedeutung ist, zeigt sich nicht zuletzt darin, daß sie häufig ohne alle wissenschaftlichen Methoden am besten von denen verstanden werden, die die Lebenswirklichkeit, die in ihnen zum Ausdruck kommt, am eigenen Leib erfahren. Die schwarzen Sklaven in den Südstaaten der USA haben die Überlieferung von der Befreiung Israels aus dem Sklavenhaus Ägyptens sofort in ihrem theologischen Kern als Befreiungsbotschaft erfaßt – »let my people go!« –, während die etablierte Theologie zur gleichen Zeit scharfsinnig darum bemüht war, die Überlegenheit der »weißen Rasse« und den gesellschaftlichen Status quo zu begründen und zu legitimieren. Die landlosen Bauern Brasiliens verstehen sofort, welche Befreiung das Gesetz über die Rückgabe des Landes im »Erlaßjahr«, von dem im dritten Buch Mose die Rede ist, für sie bedeutet. Das Gesetz des Gottes Israel: »Grund und Boden darf nicht für immer verkauft werden, denn mein ist das Land und ihr seid nur Fremdlinge und Pächter auf ihm«, wird für sie zu einer politischen Parole gegen die Allmacht der Großgrundbesitzer.

Die Entdeckung, daß sich in den zentralen biblischen Texten Erfahrungen von Unterdrückung und Befreiung verdichten, hat in den letzten Jahren neue Bewegungen wie die Theologie der Befreiung und neue Versuche sozialgeschichtlicher und materialistischer Bibelauslegung hervorgebracht. Ihnen allen ist gemeinsam, daß sie den Standort derer einzunehmen versuchen, die damals wie heute konkrete Befreiung von Hunger, Unrecht und Gewalt erhoffen und in den Erzählungen über den befreienden Gott Israels Ermutigung für das eigene Handeln zu finden glauben. Das verändert natürlich die Perspektive, aus der heraus biblische Texte ausgelegt und angeeignet werden: »Notwendigerweise handelt es sich um eine Theologie, die von der Praxis ausgeht, von jenem zweiten Akt der Auslegung des Evangeliums, von dem (der lateinamerikanische Theologe) Gustavo Gutierrez spricht: Zuerst lebt und handelt man, man verwirklicht konkret bestimmte Solidaritäten, ergreift Partei – und von da aus dann überdenkt man, was das auf der Ebene ... der Neulektüre der Schrift bedeutet ... Mehr und mehr hat man ›die frohe Botschaft, die den Armen verkündet wird‹, hinter sich gelassen, um zur Verkündigung einer Botschaft der Befreiung durch die Armen selbst zu kommen ... Besser gesagt: Man entdeckt heute, daß sie schon *immer* die wahren Träger der guten Botschaft waren!« schreibt der französische Theologe Georges Casalis in seinen Überlegungen zu einer europäischen Befreiungstheologie.[14]

Die Auslegung biblischer Texte, die den sozialen Standort ihrer Produzenten wahrnimmt und ernst nimmt, fordert also einen Standortwechsel, eine Parteinahme, die den zentralen biblischen Überlieferungen selbst zu eigen ist. »Die Parteilichkeit des Handelns Gottes in der Geschichte verbietet eine neutrale, buchstabenfixierte und zeitlos-allgemeingültige Lektüre, die alles ins Geistlich/Geistige abdreht. Der Glaube der Schrift ist eine befreiende Praxis. Ihren Sinn verstehen wir nur dann richtig, wenn wir uns rückhaltlos auf diese Praxis der Errettung und Mehrung des Lebens der Armen, Verfolgten und Benachteiligten einlassen! Materialistische Lektüre der Bibel heißt: den Sinn der Schrift als befreiende Praxis zum Leben zu erwecken!« (Kuno Füssel)[15]

Die Bibel – ein subversives Buch

Die Bibel ist eine Sammlung von Büchern, die zu verschiedenen Zeiten von unterschiedlichen Menschen geschrieben wurden. In ihnen teilen Menschen etwas mit von ihren Nöten und Hoffnungen, von ihren Erfahrungen in der Welt und ihrem Glauben an Gott. Diese Mitteilungen sind so unterschiedlich wie die Menschen selbst und die Verhältnisse, in denen sie leben. Trotzdem ist die Bibel keine willkürliche Zusammenstellung aller möglichen Ideen und Überzeugungen. Es lassen sich Schwerpunkte und Linien festmachen, die der biblischen Tradition eine deutliche Kontur verleihen. So läßt sich zum Beispiel eine zusammenhängende Gedanken- und Überlieferungskette feststellen, die von der Exodus-Erzählung über die Propheten bis zu Jesus von Nazareth reicht. In dieser Überlieferungskette tauchen zudem die für den jüdischen und den christlichen Glauben zentralen Texte des Alten und des Neuen Testaments auf, die oft viel zu sehr isoliert voneinander gesehen werden. Erst in ihrem Überlieferungszusammenhang aber erschließt sich ihr eigentlicher Sinn. Und erst in diesem Zusammenhang wird auch deutlich, was man lange Zeit nicht sehen wollte oder sehen konnte: daß die den jüdischen wie den christlichen Glauben begründenden Texte aus der Sicht der »kleinen Leute« formuliert wurden, die an einen Gott glaubten, der auf der Seite der Armen und Unterdrückten steht. Sie erzählten und schrieben eine »Geschichte von unten«, sie brachten eine Religion hervor, die den Faktor des Subversiven in sich trug, auch wenn dieser später in der herrschenden Religion, die nicht selten die Religion der Herrschenden ist, verdrängt, unterdrückt oder weginterpretiert wurde.

In der folgenden Textsammlung soll die subversive Linie, die das Alte und das Neue Testament durchzieht, aufgezeigt werden. Es ist zugleich die Geschichte der »kleinen Leute«, die damit erzählt wird, und die Geschichte ihres Gottes, der als Beistand der Armen, Befreier der Unterdrückten und Garant einer gerechteren Welt erlebt wurde.

Ich habe das Elend meines Volkes in Ägypten gesehen ...

Das Urdatum der jüdischen Religion ist der Exodus, die Befreiung der Israeliten aus der Sklaverei in Ägypten. Auch wenn diese Befreiung ursprünglich nur von einem Teil des Volkes berichtet wurde, so wurde diese Überlieferung doch sehr bald zum gemeinsamen Glaubensgut Israels, weil man im Exodus Jahwe als den Bewahrer und Befreier seines Volkes offenbart sah. Daher bezieht sich auch das erste uns bekannte Glaubensbekenntnis des alten Israel auf dieses Ereignis. Es wurde anläßlich des jährlichen Erntedankfestes gesprochen, um an den Grund des Glaubens an Jahwe zu erinnern:

Mein Vater war ein Aramäer, dem Umkommen nahe, und zog hinab nach Ägypten und war dort ein Fremdling mit wenigen Leuten und wurde dort ein großes, starkes und zahlreiches Volk.
Aber die Ägypter behandelten uns schlecht und bedrückten uns und legten uns einen harten Dienst auf. Da schrien wir zu dem HERRN*, dem Gott unserer Väter. Und der HERR erhörte unser Schreien und sah unser Elend, unsere Angst und unsere Not und führte uns aus Ägypten mit mächtiger Hand und ausgerecktem Arm und mit großem Schrecken, durch Zeichen und Wunder, und brachte uns an diese Stätte und gab uns dies Land, darin Milch und Honig fließt.
5 Mose 26,5–9

Im Glaubensbekenntnis findet man gemeinhin die Essenz und die Grundlage einer Religion. Es läßt sich kaum übersehen, daß der Gott Israels hier grundlegend charakterisiert wird als der Befreier der Sklaven und der Garant eines besseren Lebens an einem Ort der Fülle, in dem Land, »darin Milch und Honig fließt«.

Bestätigt wird diese Charakteristik Gottes in einem zweiten wichtigen Text, in dem Jahwe dem Mose seinen Namen offenbart und ihn zum Anführer und Organisator des Exodus bestimmt. Erzählt wird diese Geschichte von der Offenbarung Jahwes im zwei-

---

* Hier wie auch in den anderen Bibelstellen, in denen von dem »HERRN« die Rede ist, steht in der hebräischen Bibel der Gottesname »JAHWE«.

ten Buch Mose, das von dem Exodus berichtet. In ihr erscheint Jahwe dem erschrockenen Mose – der, aus Ägypten geflohen, die Schafe seines Schwiegervaters am Berg Horeb hütet – in einem brennenden Dornbusch und teilt ihm mit:

Ich habe das Elend meines Volkes in Ägypten gesehen und ihr Geschrei über ihre Bedränger gehört; ich habe ihre Leiden erkannt. Und ich bin herniedergefahren, daß ich sie errette aus der Ägypter Hand und sie herausführe aus diesem Lande in ein gutes und weites Land, in ein Land, darin Milch und Honig fließt ...
So geh nun hin, ich will dich zum Pharao senden, damit du mein Volk, die Israeliten, aus Ägypten führst.
2 Mose 3,7–8 + 10

Als Mose daraufhin fragt, wer der Gott sei, der ihm diesen Auftrag gebe, offenbart Gott seinen Namen »Jahwe« – »Ich werde mich euch erweisen.«

Der Gott, der sich dort im Handeln für Israel erweisen wird, ist von Anfang an keiner, der, in höheren Gefilden weilend, neutral und unparteiisch »über den Dingen« steht. Dieser Gott mischt sich ein, mischt mit, ist ein Partei ergreifender, die Sklaven befreiender Gott.

Ihr sei Sklaven in Ägypten gewesen – Jahwe hat euch befreit. Das wird die »Urerfahrung« Israels mit seinem Gott. Mit ihr beginnt die Geschichte des Volkes. Mit ihr beginnt auch die Geschichte eines Glaubens, der darauf beharrte, daß Gott auf der Seite der Armen und Entrechteten stehe. Ein subversiver Gott kommt hier ins Spiel, der sich offenbart im Prozeß der Befreiung von Unterdrückung und Ausbeutung.

Dieser Glaube an einen Gott, der die Sklaven befreit, geht jedoch Hand in Hand mit dem verändernden Handeln der Betroffenen. Und so handelt der Beginn der Exoduserzählung vom Widerstand gegen die Macht und die Willkür des Pharao. Dieser Widerstand geht, wie noch oft in den biblischen Überlieferungen, von Frauen aus.

Er entzündet sich an dem Befehl des Pharao an die hebräischen Hebammen Schiphra und Pua: »Wenn ihr den hebräischen Frauen bei der Geburt helft und seht, daß es ein Sohn ist, so tötet ihn; ist es aber eine Tochter, so laßt sie leben.«

Auf diese Weise hofft der Pharao, das weitere Anwachsen des Sklavenvolkes zu verhindern – und zwar auf möglichst unauffällige Weise.

Doch die hebräischen Hebammen verweigern die Kollaboration. »Denn sie fürchteten Gott und taten nicht, wie der Pharao ihnen befohlen hatte, und ließen die Kinder leben.« Vom Pharao zur Rede gestellt, wenden sie an, was man heute »Strategie des zivilen Ungehorsams« nennen würde: »Die hebräischen Frauen sind nicht wie die ägyptischen, denn sie sind kräftige Frauen. Ehe die Hebamme zu ihnen kommt, haben sie geboren« (2 Mose 1,19). Daraufhin läßt der Pharao die Maske fallen und befiehlt den Mord an allen neugeborenen männlichen Nachkommen der Hebräer.

Doch eine Frau aus dem Stamme Levi entzieht ihren Sohn den Häschern des Pharao. Sie hält ihn drei Monate lang versteckt. »Als sie ihn aber nicht länger verbergen konnte, machte sie ein Kästlein aus Rohr und verklebte es mit Erdharz und Pech und legte das Kind hinein und setzte das Kästlein in das Schilf am Ufer des Nils.« (2 Mose 2,3)

Das Kind wird gerettet. Eine Tochter des Pharao findet es, bekommt Mitleid und adoptiert es. Später jedoch schlägt sich der Junge auf die Seite seiner Landsleute. Er muß fliehen. In der Wüste offenbart sich ihm Jahwe als der Gott Israels. Auf sein Geheiß kehrt er zurück und organisiert den Widerstand der Hebräer, der im Exodus, im Auszug Israels aus Ägypten endet. Sein Name ist Mose. In der Überlieferung Israels wird er zum legendären Anführer des Exodus, zum Übermittler der zehn Gebote, und zum Führer des Volkes durch die Wüste in das »gelobte Land«, in dem »Milch und Honig fließt«.

Alle diese Überlieferungen sind keine historischen Berichte. Hier sind Sagen, Stammesgeschichten und bestehende religiöse und soziale Vorstellungen zu einem Geschichtswerk verarbeitet worden, das den inzwischen zu einer Nation zusammengefaßten Israelstämmen das Bewußtsein einer gemeinsamen Geschichte und einer gemeinsamen Gotteserfahrung vermitteln sollte. Doch wenn es auch keine historischen Fakten sind, die uns in der Exoduserzählung berichtet werden, so sind es doch historische Erfahrungen, von denen hier die Rede ist, Erfahrungen von Unterdrückung und Widerstand, von Rettung und Befreiung. Und es sind die Erfahrungen von Unterdrückten, die sich gewehrt haben, und die im Prozeß ihrer Befreiung Gott als ihren Bündnispartner erlebten.

Deshalb wurde der Glaube an Gott, den Befreier aus der Sklaverei, grundlegend für das religiöse Selbstverständnis Israels. Immer wieder wird dieser Glaube in der Geschichte des Volkes aktualisiert und reaktiviert. Auf ihn beziehen sich später die Propheten, wenn sie Recht und Gerechtigkeit in Israel fordern. Er begründet die Hoffnung der in Babylon exilierten Israeliten auf einen neuen Aufbruch, einen neuen Weg durch die Wüste zurück in die Heimat. Er begründet die Überzeugung, daß Gott die Freiheit der Menschen will und nicht die Knechtschaft.

Der Glaube an den Gott des Exodus ist der subversive Kern des jüdischen und des christlichen Glaubens.

Gedenke, daß du ein Sklave warst ...

Der Glaube an den Gott, der die Sklaven befreit, ist aber auch die Grundlage einer in den alttestamentlichen Überlieferungen beschriebenen Sozialordnung, in der tendenziell die Aufhebung der Sklaverei und die Herstellung sozialer Gerechtigkeit angelegt ist.

Diese Sozialordnung ist später mit dem Begriff »Jahwerecht« bezeichnet worden, weil sie in der alttestamentlichen Überlieferung an der Stelle auftritt, an der Jahwe, der das Volk Israel aus Ägypten befreit hat, mit dem Volk einen Bund schließt. Dieser Bund wird in der Wüste am Berg Sinai geschlossen. Dabei verpflichten sich die Bündnispartner einander: Jahwe wird weiter für »sein Volk« einstehen und ihm den Weg durch die Wüste in das »gelobte Land« weisen. Das Volk wird dafür Jahwes Recht akzeptieren und seine Gesetze halten. Der Kern dieser Bundesverpflichtung sind die »zehn Gebote«.

In der Zusammenstellung dieser Gebote wird ein weiterer Grundzug des jüdischen und christlichen Glaubens deutlich. Die ersten vier Gebote betreffen das Verhältnis zwischen den Menschen und Gott. Das fünfte bis zehnte Gebot regelt das Verhältnis der Menschen untereinander. Beides ist nicht voneinander zu trennen.

Ob die Beziehung zu Gott stimmt, zeigt sich im Verhalten der Menschen zu ihren Nächsten. Die enge Verbindung von Gottes- und Nächstenliebe, die später in der Verkündigung Jesu wieder auftaucht, ist hier bereits grundlegend im Glauben Israels verankert.

Die Verknüpfung der beiden Ebenen geschieht im »vierten Gebot«, dem Sabbatgebot. Es ist das längste der zehn Gebote, und es ist besonders genau und konkret ausgeführt. Es lautet:

Gedenke des Sabbattages, daß du ihn heiligst. Sechs Tage sollst du arbeiten und alle deine Werke tun. Aber am siebten Tag ist der Sabbat des HERRN, deines Gottes. Da sollst du keine Arbeit tun, auch nicht dein Sohn, deine Tochter, dein Knecht, deine Magd*, dein Vieh, auch nicht dein Fremdling, der in deiner Stadt lebt.
2 Mose 20,8–10

Der Sabbat hat damit nicht nur eine religiöse, sondern auch eine soziale Funktion. Der Sklave wird ausdrücklich in das Gebot mit einbezogen. Er hat, wie jeder Mensch, ein Recht auf die Begrenzung seiner Arbeitszeit. Aber es geht darüber hinaus um die Beschränkung der Verfügungsgewalt über Menschen und Natur. Der Sabbat ist ein Zeichen dafür, daß kein Mensch unumschränkt über andere Menschen herrschen darf.

Eine ähnliche Einschränkung findet man in den Bestimmungen über das »Sabbatjahr« und das »Erlaßjahr«. Beim Sabbatjahr geht es vor allem um die Begrenzung und tendenzielle Aufhebung der Sklaverei:

Wenn du einen hebräischen Sklaven kaufst, so soll er dir sechs Jahre dienen; im siebten Jahr soll er freigelassen werden ohne Lösegeld.
2 Mose 21,2

Das »siebte Jahr« ist das »Sabbatjahr«. Es bildet die Grenze der Herrschaft von Menschen über Menschen.

In den weiteren Bestimmungen über das Sabbatjahr findet sich darüber hinaus die Vorstellung, daß auch das Land nicht völlig in die Verfügungsgewalt von Menschen übergehen kann. Es wird dem

---

* wörtlich: dein Sklave, deine Sklavin

Volk von Jahwe gegeben, um darin zu leben und zu arbeiten, aber es bleibt Jahwes Land. Es gehört daher dem ganzen Volk, und es gehört auch »sich selbst«:

Sechs Jahre sollst du dein Land besäen und seine Früchte einsammeln.
Aber im siebten Jahr sollst du es ruhen und liegen lassen, daß die Armen unter deinem Volk davon essen; und was übrig bleibt, mag das Wild auf dem Felde fressen. Ebenso sollst du es halten mit deinem Weinberg und deinen Ölbäumen.
2 Mose 23,10–11

Eine noch weitergehende Regelung bedeutet die Einführung des Erlaßjahres nach sieben mal sieben Jahren:

Das ist das Erlaßjahr, da jedermann wieder zu dem Seinen kommen soll.
Wenn du nun deinem Nächsten etwas verkaufst oder ihm etwas abkaufst, soll keiner seinen Bruder übervorteilen, sondern nach der Zahl der Jahre vom Erlaßjahr an sollst du es von ihm kaufen; danach, wieviel Jahre noch Ertrag bringen, soll er dir's verkaufen. Sind es noch viele Jahre, so darfst du den Kaufpreis steigern; sind es noch wenige Jahre, sollst du den Kaufpreis verringern; denn die Zahl der Ernten verkauft er dir.
So übervorteile nun keiner seinen Nächsten, sondern fürchte dich vor deinem Gott; denn ich bin der HERR, euer Gott.
Darum tut nach meinen Satzungen und haltet meine Rechte, daß ihr danach handelt, auf daß ihr im Lande sicher wohnen könnt ...
Darum sollt ihr das Land nicht verkaufen für immer; denn das Land ist mein, und ihr seid Fremdlinge und Beisassen bei mir.
3 Mose 25,13–18. 23

Diese Satzung des »Rechtes Jahwes« bedeutet letztlich, daß kein Land verkauft oder gekauft werden darf, sondern nur die Anzahl der Ernten bis zum Erlaßjahr, »wo jedermann wieder zu dem Seinen kommen soll«. Eine solche Regelung verhindert, sofern sie wirklich in Kraft tritt, die Entstehung von Großgrundbesitz auf der einen und die Verarmung von Kleinbauern und Pächtern auf der anderen

Seite. Zudem garantiert sie zumindest grundsätzlich eine gerechte Verteilung des Landes.

Alle diese Gesetze werden immer wieder begründet mit dem Exodus und mit dem Hinweis auf die Erfahrung der eigenen Unterdrückung: »Gedenke, daß du ein Sklave warst ...« Das kommt auch in der »Sozialgesetzgebung« Israels zum Tragen.

Die Fremdlinge sollst du nicht bedrängen und bedrücken; denn ihr seid auch Fremdlinge in Ägypten gewesen. Ihr sollt Witwen und Waisen nicht bedrücken.
Wirst du sie bedrücken und werden sie zu mir schreien, so werde ich ihr Schreien erhören. Wenn du Geld verleihst an einen aus meinem Volk, an einen Armen neben dir, so sollst du an ihm nicht wie ein Wucherer handeln; du sollst keinerlei Zinsen von ihm nehmen.
2 Mose 22,20–24

In diesem Zusammenhang wird schließlich deutlich, daß auch die »zehn Gebote«, die den Kern des Jahwerechtes ausmachen, nicht in erster Linie Anweisungen für eine individuelle, religiöse Moral gewesen sind, sondern die Basis einer Sozialordnung. Erst später, als man ihren ursprünglichen sozialen Ort vergessen hatte, wurden sie moralisiert und privatisiert. Insbesondere das Gebot zur Nächstenliebe, das an anderer Stelle explizit, in den Geboten vier bis zehn implizit auftaucht, ist in unserem heutigen Verständnis völlig individualisiert und damit entschärft worden. Im Alten Testament und auch in der Verkündigung Jesu ist die Liebe zum Nächsten noch nicht das unverbindliche »Seid nett zueinander«, sondern die Verpflichtung auf ein solidarisches, menschliches Zusammenleben, auf eine gerechte Gesellschaftsordnung.

Die Ursprünge der Sabbatgebote und der alttestamentlichen Rechtsordnungen sind bis heute nicht eindeutig geklärt. Unklar ist auch, ob es je eine längere Zeit in der Geschichte der Israelstämme gegeben hat, in der das Jahwerecht als Rechts- und Sozialordnung für ganz Israel in Geltung war.

Allgemein anerkannt ist, daß die Gebote und Rechtsordnungen in der uns vorliegenden Form auf die »deuteronomische Bewegung« zurückgehen – und das würde bedeuten, daß die Ausformulierung des Jahwerechts bereits ein oppositioneller Entwurf zu einer bestehenden, ungerechten Gesellschaftsordnung gewesen ist. Denn die »deuteronomische Bewegung«, die die Durchsetzung des Jahwerechts in Israel verfolgte, entstand im 7. Jahrhundert v. Chr. im Königreich Juda und war Träger der grundlegenden Kultreform unter Josia, die zugleich auch eine soziale Reform gewesen ist. Die »deuteronomische Bewegung« bestand aus einem Bündnis von »niederem Klerus«, den Leviten, die im Tempel weniger für den Kult – das war die Domäne der Priester! – als für die Gesetzeslehre zuständig waren und den »am ha'ares«, freien Bauern, die in der ständisch-feudalen Gesellschaft des Königreiches immer mehr um ihre Existenz fürchten mußten. Ihnen gelang es, während der Regierung des Königs Josia einen Reformkurs durchzusetzen, der dann allerdings von den Nachfolgern Josias wieder rückgängig gemacht wurde.

Das »Recht Jahwes« steht damit für eine alternative Rechts- und Sozialordnung zum altorientalischen Königsrecht. Die Auseinandersetzung zwischen Jahwerecht und Königsrecht zieht sich durch das ganze »deuteronomistische Geschichtswerk«, das die Geschichte Israels bis in die Zeit der Könige hinein beschreibt. Und sie durchzieht die Verkündigung der Propheten, die sich in ihren Forderungen nach Recht und Gerechtigkeit in Israel auf das Jahwerecht berufen.

Nach dem »Recht Jahwes« leben bedeutete also nicht die Pflege einer frommen Haltung oder gar die Hinwendung der »Seele« zu Gott. Es bedeutete die Verwirklichung einer sozialen Ordnung, die sich auf Gerechtigkeit gründet.

Und Jahwe zog mit mir herab unter den Helden ...

Das Buch der Richter ist im wesentlichen eine Sammlung von Heldensagen aus der vorstaatlichen Zeit Israels. In ihm spiegeln sich die Verhältnisse aus dieser Zeit, der Epoche der Ansiedlung der Stämme Israels im Land Kanaan, wider.

In dieser Zeit gab es keinen König. Allenfalls gab es »Richter«, die bei den Siedlern auf die Einhaltung der Gesetze achteten, und es gab »charismatische Führer«, die im Falle einer Bedrohung von außen den Heerbann ausriefen und nach der Beseitigung der Gefahr wieder zurücktraten. »König« Israels aber sollte Jahwe allein sein. So jedenfalls stellt das Buch der Richter, das zum deuteronomistischen Geschichtswerk gehört, die Frühzeit Israels dar.

Aus dem Richterbuch stammt die Vorstellung vom »heiligen Krieg« – ein Begriff, der später von christlichen Imperialisten für ihre unheiligen Zwecke usurpiert worden ist. Doch der »heilige Krieg« war ursprünglich dies: Da Jahwe der »König« Israels ist, zieht er, wenn sein Volk bedroht wird, mit dem Volksheer in den Kampf, um dort sein Volk und sein Recht gegen den Angriff der Feinde zu verteidigen.

Dies war auch der Fall bei dem Feldzug einiger Israelstämme gegen den König Jabin von Kanaan. In dieser Geschichte geht es um die ständige Auseinandersetzung zwischen den Siedlern und der in den Städten ansässigen kanaanäischen Herrscherschicht, die die siedelnden Bauern gewaltsam zur Herausgabe ihrer Ernten zwang.

Die einzige Chance der Siedler ist in einem solchen Fall, sich zusammenzuschließen, einen Anführer zu wählen und den Aufstand zu wagen. Doch diesmal will niemand die Initiative ergreifen: *Still war's bei den Bauern, ja still in Israel, bis ich aufstand, bis du, Debora, aufstandest, bis du aufstandest, eine Mutter in Israel.«*

Debora, eine frühe »Pasionaria«, ruft zum Kampf. Sie befiehlt dem Israeliten Barak, den Heerbann auszurufen und mit dem Volksheer gegen die Soldaten und Eisenwagen Jabins und seines Hauptmanns Sisera zu ziehen. Nicht alle Siedlerstämme schließen sich der Befreiungsbewegung an. Dennoch wagen sie den Angriff. Debora zieht mit in die Schlacht. Doch nicht nur sie – auch Jahwe begleitet »sein Volk« in den Befreiungskampf. Im Lied der Debora heißt es: *Da zog herab, was übrig war von den Herrlichen im Volk. Der HERR zog mit mir herab unter den Helden ...*

Das Wetter verwandelt den Kampfplatz in ein Schlammfeld, in dem die eisernen Wagen steckenbleiben. Die Israeliten tragen den Sieg davon. Der Feldherr Sisera flüchtet sich in das Zelt der Frau eines befreundeten Stammesfürsten. Doch die hält zu den Israeliten. Debora singt von ihr:

Gepriesen sei unter den Frauen Jael, das Weib Hebers, des Keniters;
gepriesen sei sie im Zelt unter den Frauen!
Milch gab sie, als er Wasser forderte, Sahne reichte sie dar in einer
herrlichen Schale.
Sie griff mit ihrer Hand den Pflock und mit ihrer Rechten den
Schmiedehammer und zerschlug Siseras Haupt und zermalmte und
durchbohrte seine Schläfe.
Zu ihren Füßen krümmte er sich, fiel nieder und lag da ...
Ri 5,24–27

Eine andere Heldengeschichte aus jener Zeit, die später ebenfalls im
deuteronomistischen Geschichtswerk mit verarbeitet wurde, zeigt
die Volkstümlichkeit der Volkshelden besonders schön. Es ist die
Geschichte von Simson, einem »starken Mann«, von dem die toll-
sten Dinge erzählt werden. Simson hat Bärenkräfte, ist groß und
schön und etwas naiv, er trägt »ungeschorenes Haar«, in dem seine
Kraft liegt. Simson ist natürlich davon überzeugt, der »Größte« zu
sein, und eine Zeitlang geht das auch gut – bis ihm die schöne und
skrupellose Delila, der der Frauenheld verfallen ist, das Geheimnis
seiner Kraft entreißt.

Als sie aber mit ihren Worten alle Tage in ihn drang und ihm zu-
setzte, wurde seine Seele sterbensmatt, und er tat ihr sein ganzes
Herz auf und sprach zu ihr: »Es ist nie ein Schermesser auf mein
Haupt gekommen; denn ich bin ein Geweihter Gottes von Mutter-
leib an. Wenn ich geschoren würde, so wiche alle Kraft von mir ...
Ri 16,16–17

Damit ist sein Schicksal besiegelt. Delila liefert ihren Helden dem
Philisterfürsten aus. Doch bringt Simson in einem letzten Kraftakt –
natürlich mit Hilfe Jahwes – noch zusammen mit sich selber alle
seine – und Israels – Feinde um.

Für spätere Generationen war die vorstaatliche Zeit Israels, die freie
Siedler- und Stämmegemeinschaft, das ideale Gegenbild zur Königsgesellschaft, die sich am Ende der Richterzeit herausbildet. Die
schon vorgestellte »deuteronomische Bewegung«, der das Geschichtswerk über die Zeit der Richter und der Könige zu verdan-

ken ist, sah in der Errichtung des Königtums und in der Durchsetzung des Königrechts den Abfall Israels von Jahwe und damit den Anfang vom Ende.

Wie die Epoche der Richter und der Stämmegemeinschaft wirklich ausgesehen hat, wissen wir nicht genau. Doch für die Jahwegläubigen späterer Jahrhunderte war es »die gute alte Zeit«.

Das wird des Königs Recht sein ...

Der letzte große Richter, von dem berichtet wird, war Samuel. Unter ihm vollzieht sich die Entwicklung zum Königtum und zur Herausbildung des Staates Israel. Die Errichtung des Königtums in Israel bedeutete für das Land und seine Bewohner eine tiefgreifende politische und soziale Veränderung. Diese »Wende« ist im ersten Samuelbuch dokumentiert. Wie umstritten das Königtum in Israel gewesen ist, zeigt sich in der Rede Samuels, in der er die Israeliten vor der Wahl eines Königs zu warnen versucht.

Vorher hat er sich bei Jahwe seine »Instruktionen« geholt. Auch der ist über das Ansinnen »seines Volkes« Israel nicht erfreut – schließlich ist das ein Angriff auf das Königtum Jahwes.

Und Samuel sagte alle Worte des HERRN dem Volk, das von ihm einen König forderte, und sprach:
»Das wird des Königs Recht sein, der über euch herrschen wird: Eure Söhne wird er nehmen für seinen Wagen und seine Gespanne, und daß sie vor seinem Wagen herlaufen ... und daß sie ihm seinen Acker bearbeiten und seine Ernte einsammeln und daß sie seine Kriegswaffen machen und was zu seinem Wagen gehört.
Eure Töchter aber wird er nehmen, daß sie Salben bereiten, kochen und backen.
Eure besten Äcker und Weinberge und Ölgärten wird er nehmen und seinen Großen geben. Dazu von euren Kornfeldern und Weinbergen wird er den Zehnten nehmen und seinen Kämmerern und Großen geben.
Und eure Knechte und Mägde und eure besten Rinder und eure Esel wird er nehmen und in seinen Dienst stellen. Von euren Herden wird er den Zehnten nehmen und ihr müßt seine Knechte sein.«
1 Sam 8,10–17

In dieser Rede, mit der die Deuteronomisten dem Samuel ihre eigene Erfahrung mit dem »Recht des Königs« in den Mund legen, wird deutlich, wer am meisten unter dem Königsrecht zu leiden hatte; die ehemals freien Siedler und Bauern, die nun in die politische und wirtschaftliche Abhängigkeit vom Königshof und einer sich bald herausbildenden feudalen Oberschicht geraten und immer mehr verarmen.

In dieser Schicht entsteht dem König eine Opposition, die das Königsrecht bekämpft und sich dabei auf das Jahwerecht beruft. Aus ihr entsteht die »deuteronomische Bewegung«, die in ihren Schriften das Jahwerecht gegen das Königsrecht setzt und die Auseinandersetzung mit der Königsgesellschaft theologisch durchdenkt. Die eigentlichen Sprecher der jahwetreuen Opposition aber sind die Propheten. Sie tauchen in der Geschichte Israels und in der biblischen Überlieferung erst mit der Errichtung des Königtums auf. Sie werden, als Verteidiger des Jahwerechts, zu den eigentlichen Gegenspielern der Könige und zu Anklägern einer ungerechten, auf dem Recht des Königs aufgebauten Gesellschaft. In den unzähligen Geschichten, die von einem Streit zwischen König und Prophet erzählen, geht es also eigentlich immer um die Auseinandersetzung zwischen zwei entgegengesetzten Rechts- und Sozialformen, zwischen Königsrecht und Jahwerecht.

Natürlich haben auch die Könige ihr Recht und ihre Macht durch Jahwe zu legitimieren versucht. In Texten, die am Königshof entstanden sind, wird der König als »Gesalbter Jahwes« und sogar als »Sohn Gottes« bezeichnet. Doch haben die um ihr Recht Gebrachten mit Erfolg darauf bestanden, daß der Gott Israels, der Befreier der Sklaven, auf ihrer Seite bleibt. Die Propheten wurden zu Sachwaltern des Gottes, der sich im Exodus offenbart hatte und dessen Rechtssatzungen deutlich auf Gerechtigkeit zielten. Mochte sich David »Gesalbter Jahwes« nennen, mochte Salomo Jahwe einen prächtigen Tempel bauen lassen, an dem Hunderte von Fronarbeitern aus dem In- und Ausland schufteten, die prophetische Opposition machte deutlich, daß Jahwe die Hoffnung der Armen blieb und daß der König soviel nütze war wie der Dornbusch in der im Richterbuch erzählten »Jotam-Fabel«, der König über die Bäume werden will, obwohl er als einziger zu nichts taugt!

So spricht Jahwe ...

Zu dem Recht des Königs gehört, daß er über seine Untertanen und sein Land verfügen kann, ohne jemandem Rechenschaft darüber schuldig zu sein. Schon dies steht dem Jahwerecht grundsätzlich entgegen: Dort wird die Verfügungsgewalt über Menschen und das Land verneint. Und immer, wenn Könige gegen diesen Grundsatz verstoßen, treten Propheten auf, um im Namen Jahwes gegen diesen Übergriff zu protestieren.

Ein Beispiel dafür ist das Auftreten des Propheten Nathan nach der Affäre des Königs David mit der schönen Bathseba.

Diese Affäre beginnt damit, daß König David beim Abendspaziergang auf der Dachterrasse seines Palastes in einem der umliegenden Höfe eine schöne Frau im Bade entdeckt. Sie ist, wie sich herausstellt, die Frau Urias, eines Hauptmanns im königlichen Heer. Dieses Heer – und damit auch der Hauptmann – befindet sich wieder einmal auf einem Eroberungsfeldzug. Kein Problem also für David, die Frau holen zu lassen und eine Nacht mit ihr zu verbringen. Zum Problem wird die Sache erst, als er bald darauf eine Nachricht von Bathseba bekommt, des Inhalts, daß die Nacht Folgen hatte: Sie ist schwanger.

Nun ist es an und für sich des Königs Recht, mit seinen Untertanen auch in einem solchen Fall nach Gutdünken zu verfahren, doch so sicher ist sich David seines Rechts wohl nicht. Er versucht, die Sache zu vertuschen. Zunächst soll das Kind dem Uria selbst untergeschoben werden. Dazu erhält dieser auf Anweisung Davids Feldurlaub, ein Geschenk und die Erlaubnis, sich nach Hause zu seiner Gemahlin zu verfügen. Das aber tut Uria nicht: »*Die Lade des HERRN und Israel und Juda wohnen in Zelten, und Joab, mein Herr, und meines Herrn Kriegsleute liegen auf freiem Felde, und ich sollte in mein Haus gehen, um zu essen und zu trinken und bei meinem Weibe zu liegen? So wahr der HERR lebt und so wahr du lebst: Ich tue so etwas nicht!*«

2 Sam 11,11

Nachdem diese List also an der Standhaftigkeit und Prinzipientreue des Uria gescheitert ist, greift David zu härteren Maßnahmen. Er gibt Uria einen Brief an seinen Feldhauptmann Joab mit, in dem

Urias Tod befohlen wird. Dieser stirbt kurz darauf den »Heldentod«. Wenig später holt David die Witwe an seinen Hof.

Die königliche Familienidylle wird jedoch kurz darauf empfindlich gestört durch den Propheten Nathan, der den König im Auftrag Jahwes zur Rede stellt. Er tut das recht geschickt mit einer rührenden Gleichnisgeschichte von einem armen Mann, der ein einziges Lämmlein besitzt und es liebt und hegt wie ein Kind, und einem reichen Mann, der viele Schafe hat, aber dem armen Mann das einzige nimmt, um es einem Gast vorzusetzen. Offensichtlich wußte auch Nathan schon, daß Tyrannen nicht frei von Sentimentalitäten sind. Und richtig:

Da geriet David in großen Zorn über den Mann und sprach zu Nathan: »So wahr der HERR lebt: Der Mann ist ein Kind des Todes, der das getan hat! ...«
Da sprach Nathan zu David: »Du bist der Mann!«
2 Sam 12,5–7

Jahwerecht gegen Königsrecht, das Gebot Jahwes gegen die Willkür des Königs – darum geht es in solchen Geschichten.

Aber das Wort Jahwes kam zu Elia ...

Einer der ersten großen Propheten Israels ist Elia. Er tritt in einer Zeit auf, in der das Königreich Davids und Salomos bereits in ein Nordreich Israel und ein Südreich Juda gespalten ist.

In der Geschichte von Naboths Weinberg, die aus dieser Zeit stammt, spiegelt sich die Auseinandersetzung zwischen Jahwerecht und Königsrecht im Nordreich Israel wider. In ihr steht das Recht des Königs, sich beliebig Landbesitz aneignen zu können, gegen das Recht Jahwes, das den Kauf und Besitz von Land verbietet. Der Vorfall, von dem die Geschichte erzählt, ereignet sich während der Regierungszeit des König Ahab, der am Ende des 9. Jahrhunderts v. Chr. König in Israel war. Ahab ist einer der bedeutendsten, aber auch umstrittensten Könige Israels gewesen. Durch seine Heirat mit der phönizischen Prinzessin Isebel öffnet er das Land fremden wirtschaftlichen und religiösen Einflüssen und gestaltet die Gesellschaft noch konsequenter als seine Vorgänger nach dem Vorbild der benachbarten Königreiche um. Zwischen Ahab und der jahwetreuen Opposition kommt es daher zu langen und erbitterten Auseinandersetzungen.

Die Hauptstadt des Königreiches Israel ist Samaria. In ihr liegt der Palast des Königs Ahab und, gleich daneben, der Weinberg des Naboth – jedenfalls in der Geschichte, die davon erzählt wird. Um diesen Weinberg, der an die Gärten des königlichen Palastes grenzt, geht es:

Ahab redete mit Naboth und sprach: »Gib mir deinen Weinberg; ich will einen Kohlgarten daraus machen, weil er so nahe an meinem Hause liegt. Ich will dir einen besseren Weinberg dafür geben, oder, wenn's dir gefällt, will ich dir Silber dafür geben, soviel er wert ist.«
1 Kön 21,2

Doch Naboth gehört zu denen, die sich an das Jahwerecht halten. Er sagt zu Ahab:

»Das lasse der HERR fern von mir sein, daß ich dir meiner Väter Erbe verkaufen sollte!«
Da kam Ahab heim voller Unmut ... und er legte sich auf sein Bett und wandte sein Antlitz ab und aß nicht ...
Da sprach seine Frau Isebel zu ihm: »Du bist doch König über Israel! Steh auf und iß und sei guten Mutes! Ich werde dir den Weinberg Naboths verschaffen!«
1 Kön 21,4–7

Isebel ist eine kluge Königin. Sie umgeht die direkte Konfrontation. Sie läßt einen Prozeß inszenieren, in dem Naboth, beschuldigt durch gekaufte Zeugen, nach israelitischem Recht zum Tode verurteilt wird.

Nach dem vollzogenen Justizmord scheinen alle Probleme beseitigt zu sein. Ahab nimmt den Weinberg Naboths in Besitz.

Aber das Wort des HERRN kam zu Elia, dem Tischbiter: »Mach dich auf und geh hinab, Ahab, dem König von Israel zu Samaria

entgegen – siehe, er ist im Weinberg Naboths, wohin er hinabgegangen ist, ihn in Besitz zu nehmen – und rede mit ihm und sprich: »So spricht der HERR: ›Du hast gemordet, dazu auch fremdes Erbe geraubt. An der Stelle, wo die Hunde das Blut Naboths geleckt haben, sollen die Hunde auch dein Blut lecken!‹«
1 Kön 21,17–19

Elia richtet das Wort Jahwes aus – und muß fliehen. Er ist der erste, wenn auch nicht der letzte Prophet, von dem Flucht, Ausweisung und Verfolgung berichtet werden. In der Geschichte dieser Flucht finden wir eine Erzählung, die in vieler Hinsicht an uns bekannte Märchen erinnert. Sie erzählt davon, daß Elia vor den Toren des Städtchens Zarpath eine Frau trifft und sie um Brot und Wasser bittet.

Die Frau kann ihm die Bitte nicht erfüllen, denn sie hat selbst nichts mehr:

»Ich habe nichts Gebackenes, nur eine Handvoll Mehl im Topf und ein wenig Öl im Krug. Und siehe, ich hab ein Scheit Holz aufgelesen oder zwei und gehe heim und will mir und meinem Sohn etwas zurichten, daß wir essen – und sterben.«
Elia sprach zu ihr: »Geh hin und mach's, wie du gesagt hast. Doch mache mir zuerst etwas Gebackenes davon …
Denn so spricht der HERR: Das Mehl im Topf soll nicht verzehrt werden und dem Ölkrug soll nichts mangeln …«
1 Kön 17,12–15

Das Märchenmotiv, das hier anklingt, gehört zu den »Märchen der Armen«, in denen viel von Hungrigsein und Sattwerden die Rede ist. In dieser Märchenerzählung klingt aber auch die Erfahrung armer Leute durch, daß Sattwerden und Überleben eine Sache der Solidarität ist: Weil die Frau ihr Brot teilt, wird sie selber satt.

Daß auf Propheten wie Elia solche »Märchen der Armen« projiziert worden sind, zeigt jedenfalls ihre Volksnähe und ihre Popularität unter den Armen des Landes, deren Sache sie gegen die Macht des Königs vertreten.

Ich will reden, was Jahwe mir sagen wird!

Nicht nur von Prophetenwundern und Prophetenauftritten am Königshof wird berichtet. Überhaupt wird nur selten ein Prophet tatsächlich eine »Privataudienz« beim König persönlich gehabt haben. Die weitaus häufigere Form der Auseinandersetzung zwischen Prophet und König findet auf einer Ebene weiter unten statt, mit Administration und Polizei, mit Priestern und Hofpropheten, die die Herrschaft des Königs absichern und legitimieren.

Jawohl, es gibt inzwischen auch Propheten am königlichen Hof. Die Könige Israels und Judas haben sie gleichermaßen engagiert, um den unbequemen Propheten Jahwes eigene Propheten entgegenzusetzen, die natürlich gleichfalls im »Namen Jahwes« prophezeien: das, was der König hören will. Der König bezahlt sie gut dafür, und sie verfahren, wer will es ihnen verdenken, nach dem Motto: Wes Brot ich eß, des Lied ich sing!

Der Streit zwischen der dem Hof verpflichteten Priester- und Prophetenschaft und den oppositionellen Jahwepropheten wird mit besonderer Erbitterung geführt. Denn hier geht es darum, auf welcher Seite Jahwe steht. Schließlich handelt es sich grundlegend darum, daß von den Propheten Jahwes die altbekannte »Gott-mit-uns-Ideologie« der Herrschenden im Namen eben dieses Gottes angeklagt und in Frage gestellt wird.

Von einer solchen Konfrontation berichtet die Geschichte des Propheten Micha Ben Jimla und seiner leider vergeblichen Warnung an den König Ahab, wegen der Stadt Ramoth in Gilead einen Krieg anzuzetteln.

Dieser Krieg wird die letzte Regierungshandlung des Königs Ahab sein. Er verpflichtet dazu König Josaphat von Juda als Bundesgenossen. Der aber will vorher die Propheten befragen, ob dieser Feldzug auch wirklich im Sinne Jahwes – sprich: erfolgreich – sein wird.

Da versammelte der König von Israel Propheten, etwa vierhundert Mann, und sprach zu ihnen: »Soll ich gegen Ramoth in Gilead in den Kampf ziehen oder soll ich's lassen?«
Sie sprachen: »Zieh hinauf! Der HERR wird's in die Hand des Königs geben.«

*Josaphat aber sprach: »Ist hier kein Prophet des HERRN mehr, daß
wir durch ihn den HERRN befragen?«
Der König von Israel sprach zu Josaphat: »Es ist noch einer hier,
Micha, der Sohn Jimlas, durch den man den HERRN befragen kann.
Aber ich bin ihm gram; denn er weissagt mir nichts Gutes, sondern
nur Böses.«*
1 Kön 22,6−8

Josaphat besteht jedoch darauf, daß Micha Ben Jimla befragt wird.
Ein Bote wird geschickt, den Propheten zu holen.

*Und der Bote, der hingegangen war, um Micha zu holen, sprach zu
ihm: »Siehe, die Worte der Propheten sind einmütig gut für den König. So laß nun auch dein Wort wie ihr Wort sein und rede Gutes.«
Micha sprach: »So wahr der HERR lebe, ich will reden, was der
HERR mir sagen wird.«*
1 Kön 22,13−14

Von König Ahab nach seiner Weissagung befragt, spricht Micha:

*»Darum höre nun das Wort des HERRN! Ich sah den HERRN sitzen
auf seinem Thron und das ganze himmlische Heer neben ihm stehen
zu seiner Rechten und Linken.
Und der HERR sprach: Wer will Ahab betören, daß er hinaufzieht
und vor Ramoth in Gilead fällt?
Da trat ein Geist vor und sprach ... Ich will ausgehen und ein Lügen-
geist sein im Munde aller seiner Propheten ...«*
1 Kön 22,20−22

Nun hat Micha alle gegen sich. Der Anführer der Hofpropheten
greift ihn tätlich an, und Ahab läßt ihn ins Gefängnis werfen. Unter
verschärften Haftbedingungen soll er dort warten, bis der König
siegreich zurückkehrt. Doch der kehrt nicht zurück. Obwohl er
sich – vorsichtshalber – verkleidet hat, fällt er im Kampf.

Tu weg von mir das Geplärr deiner Lieder ...

Ein Höhepunkt der Auseinandersetzung findet sich beim Propheten Amos. Bei ihm geht es nicht mehr um eine punktuelle Anklage gegen eine Handlung des Königs. Er klagt die Gesellschaft des Königreiches Israel als ganze an. Er hält das durch das Königsrecht entstandene Gesellschaftssystem für von Grund auf ungerecht, marode und gottlos.

Bei Amos beginnt, was in der Verkündigung späterer Propheten immer wiederkehrt: die Androhung des Untergangs Israels, des »Volkes Gottes«, wenn sich die Zustände in Israel nicht ändern, wenn nicht das Volk zu Recht und Gerechtigkeit zurückkehrt.

Denn so spricht der HERR zum Hause Israel: Suchet mich, so werdet ihr leben. Sucht nicht Bethel und kommt nicht nach Gilgal ... Sucht den HERRN, so werdet ihr leben, daß er nicht daherfahre über das Haus Joseph wie ein verzehrendes Feuer, das niemand löschen kann zu Bethel – die ihr das Recht in Wermut verkehrt und die Gerechtigkeit zu Boden stoßt ... Darum, weil ihr die Armen unterdrückt und nehmt von ihnen hohe Abgaben an Korn, so sollt ihr in den Häusern nicht wohnen, die ihr von Quadersteinen gebaut habt, und den Wein nicht trinken, den ihr in den feinen Weinbergen gepflanzt habt.
Denn ich kenne eure Freveltaten, die so viel sind, und eure Sünden, die so groß sind, wie ihr die Gerechten bedrängt und Bestechungsgeld nehmt und die Armen im Gerichtstor unterdrückt.
Darum muß der Kluge zu dieser Zeit schweigen; denn es ist eine böse Zeit.
Suchet das Gute und nicht das Böse, auf daß ihr leben könnt, so wird der HERR, der Gott Zebaoth, bei euch sein ...
Am 5,4–7. 11–15

Bei Amos verbindet sich zum ersten Mal Sozialkritik mit einer radikalen Kritik an der »offiziellen« Religion, wie sie sich im Staatskult darstellt. Denn Bethel und Gilgal sind »staatlich anerkannte« Kultorte, in denen Jahwe verehrt wird – doch der Prophet macht deutlich, daß Jahwe selbst dort nicht zu finden ist.

Religionskritik im Namen Gottes wird nun zu einem Charakteristikum prophetischer Verkündigung. Für Amos ist der Versuch, ungerechte gesellschaftliche Verhältnisse durch Kult und Gottesdienst zu verschleiern oder sogar zu sanktionieren, eine Beleidigung Gottes. Das läßt er, deutlich genug, Jahwe selber ausrichten:

Ich bin euren Feiertagen gram und verachte sie und mag eure Versammlungen nicht riechen.
Und wenn ihr mir auch Brandopfer und Speisopfer opfert, so habe ich keinen Gefallen daran und mag auch eure fetten Dankopfer nicht ansehen.
Tu weg von mir das Geplärr deiner Lieder; denn ich mag dein Harfenspiel nicht hören!
Es ströme aber das Recht wie Wasser und die Gerechtigkeit wie ein nie versiegender Bach!
Am 5,21–24

Daß Amos schließlich von König und Priesterschaft ins Exil gejagt wird, verwundert nach solchen Worten nicht. Amazja, der Priester des Staatsheiligtums Bethel, denunziert Amos beim König: »Der Amos macht einen Aufruhr gegen dich im Haus Israel; das Land kann seine Worte nicht ertragen.« (Am 7,10) Zugleich – man kann ja nie wissen – warnt Amazja den Amos und rät ihm zur Flucht:

»Du, Seher, geh weg und flieh ins Land Juda und iß dort dein Brot und weissage daselbst. Aber weissage nicht mehr in Bethel; denn es ist des Königs Heiligtum und der Tempel des Königreichs.«
Amos antwortete und sprach: »Ich bin von Beruf kein Prophet noch ein Prophetenjünger, sondern ich bin ein Hirt, der Maulbeeren züchtet.
Aber der HERR nahm mich von meiner Herde und sprach zu mir: Geh hin und weissage meinem Volk Israel!«
Am 7,12–15

Aus diesen Worten des Amos geht hervor, daß die Propheten Jahwes weder theologisch gebildet waren noch die Prophetie »gewerbsmäßig« betrieben, wie etwa die Hof- oder Tempelpropheten, die sich für ihre Tätigkeit bezahlen ließen. Daß sie dabei von ihrer

Kundschaft abhängig waren, versteht sich von selbst. Gegen diese Propheten ist das polemische Wort: »Man kann nicht Gott dienen und dem Mammon!« entstanden, das später in der Verkündigung Jesu wieder aufkommt.

Die Propheten Jahwes waren tatsächlich unabhängige Boten des Wortes Jahwes. Von manchen wird erzählt, sie hätten sich ihrem Prophetenauftrag gern entzogen. Denn die Propheten Jahwes lebten gefährlich und oft auch sehr einsam, weil sie sich mit den staatstragenden Institutionen anlegten und manchmal gänzlich gegen den Strom schwammen. Im Jeremiabuch wird in seltener Ausführlichkeit darüber berichtet.

Bessert euer Leben und Tun, so will ich bei euch wohnen ...

Jeremia tritt im 6. Jahrhundert im Königreich Juda mit seinen Weissagungen hervor. Das Königreich Israel, in dem Elia, Micha Ben Jimla und Amos aufgetreten waren, existierte zu diesem Zeitpunkt schon nicht mehr. Es wurde 722 v. Chr. von der Großmacht Assyrien erobert. Vom Land und Volk Israel existierte nur noch das ständig von äußeren Feinden und inneren Spannungen gefährdete Reich Juda – bis auch dies 587 v. Chr. vom babylonischen Großkönig Nebukadnezer erobert und zerstört wird. Doch zuvor kommt es in Jerusalem, der Hauptstadt Judas, noch einmal zu heftigen Auseinandersetzungen zwischen der herrschenden Schicht und der jahwetreuen Opposition. Der Prophet Jeremia tritt auf und erneuert die Sozial- und Kulturkritik des Amos:

So spricht der HERR Zebaoth, der Gott Israels:
Bessert euer Leben und Tun, so will ich bei euch wohnen an diesem Ort.
Verlaßt euch nicht auf Lügenworte, wenn sie sagen: Hier ist des HERRN Tempel, hier ist des HERRN Tempel, hier ist des HERRN Tempel!
Sondern bessert euer Leben und Tun, daß ihr recht handelt einer gegen den andern und keine Gewalt übt gegen Fremdlinge, Waisen und Witwen und nicht unschuldiges Blut vergießt an diesem Ort ...
Jer 7,3–6

Im weiteren Verlauf seiner »Tempelrede« sagte Jeremia noch einige Dinge, die ihn um ein Haar zum Opfer der Lynchjustiz aufgebrachter Tempelpriester machten.

Er verkündet den Untergang Judas und das Ende des Volkes Gottes, wenn nicht Gerechtigkeit, das Recht Jahwes, wiederhergestellt wird. Vor allem aber macht er deutlich, daß Tempel und Staatskult nicht den Beistand Gottes garantieren. Das bringt die gesamte Tempelpriesterschaft gegen ihn auf. Nur knapp entgeht Jeremia der Vernichtung. Vollends in die Isolation und unter den Druck der Staatsorgane gerät er mit der Ablehnung des außenpolitischen Regierungskurses, der darauf hinausläuft, mit Hilfe Ägyptens, des Rivalen Babylons um die Vorherrschaft, selber wieder zu nationaler Größe zu gelangen und das Stillhalteabkommen mit den Babyloniern aufzukündigen. Mit seiner Polemik gegen diesen Kriegskurs, der das Land an den Rand des Abgrunds bringt, befindet sich Jeremia endgültig im Gegensatz zu jenen Herren, für die es Wichtigeres gibt als den Frieden – und deren nationale Demagogie auch manchen von den Armen zu beeindrucken vermag.

Sie wollen den unbequemen Mahner nun endlich beseitigen; immer wieder entgeht Jeremia nur knapp seine Liquidierung.

Da sprachen die Oberen zum König: »Laß doch diesen Mann töten ... denn der Mann sucht nicht, was diesem Volk zum Heil, sondern was zum Unheil dient.« Der König Zedekia sprach: »Siehe, er ist in euren Händen.« Da nahmen sie Jeremia und warfen ihn in die Zisterne ... In der Zisterne war aber kein Wasser, sondern Schlamm, und Jeremia sank in den Schlamm.
Jer 38,4–6

Auch aus dieser Situation wird Jeremia noch einmal gerettet – von einem Afrikaner, der am Hofe des Königs Zedekia dient. Er wird noch erleben müssen, daß sich seine Weissagungen erfüllen. Danach verlieren sich seine Spuren im Dunkeln; man nimmt an, daß er nach dem Fall Jerusalems von seinen Landsleuten erschlagen wurde.

Jeremia ist durch sein Schicksal zum Prototyp des ungehörten Propheten und des »leidenden Gerechten« geworden, der für die Sache Gottes eintritt und Verfolgungen für seine Botschaft auf sich nimmt. Im Schicksal des Jeremia verdichtet sich aber auch die Erfahrung der Verfolgung einer ganzen Gruppe, der jahwetreuen Opposition. Ihre Klagen über das erfahrene Leid und ihre Verzweiflung über das Schweigen Gottes zum herrschenden Unrecht und zur Verfolgung seiner Getreuen finden sich in den »Klageliedern Jeremias« und in den Klagepsalmen. Einer dieser Psalmen ist später sehr bekannt geworden. Seine Worte schreit der von Gott und den Menschen verlassene Jesu am Kreuz:

»Eli, Eli, lama asabtani!« – »Mein Gott, mein Gott, warum hast du mich verlassen!«
Ps 22,1 / Mt 27,46

Sei nicht ferne von mir, denn Angst ist nahe; denn es ist hier kein Helfer ...
Sie haben meine Hände und Füße durchgraben.
Ich kann alle meine Knochen zählen;
sie aber schauen zu und sehen auf mich herab.
Sie teilen meine Kleider unter sich
*und werfen das Los um mein Gewand.**
...
Aber du, HERR, sei nicht ferne;
meine Stärke, eile, mir zu helfen!
Ps 22,12. 19–20

Solche Klagen mögen uns heute manchmal übertrieben erscheinen. Das kommt vor allem daher, daß wir das Ausmaß der Unterdrückung und die Brutalität der Verfolgung, der die Menschen ausgesetzt waren, nicht mehr wahrnehmen. Außerdem sehen wir die Propheten traditionell als heroische Einzelgestalten und ihre Schicksale als Einzelschicksale an. Aber sie stehen nur stellvertretend für viele Menschen, denen es ähnlich erging wie ihnen, und es gab auch viele von ihnen, die nur am Rande erwähnt werden oder namenlos geblieben sind, unbekannte Opfer der staatlichen Gewalt.

Im Jeremiabuch wird am Rande das Schicksal eines Jahwepropheten Uria erwähnt, »der weissagte gegen diese Stadt und gegen dieses

---

* Auch diesen Vers nimmt Matthäus in seinen Bericht von der Passion Jesu auf – vgl. Mt 27,35.

Land ganz wie Jeremia. Als aber der König Jojakim und alle Gewaltigen und die Oberen seine Worte hörten, wollte ihn der König töten lassen« (Jer 26,20f.). Der Prophet wird verfolgt und verhaftet und zum König gebracht. »Der ließ ihn mit dem Schwert töten und ließ seinen Leichnam unter dem niederen Volk begraben.« Er soll hier stellvertretend für viele genannt werden, die ein ähnliches Ende fanden.

Sie werden ihre Schwerter zu Pflugscharen machen ...

Inmitten der Verkündigung des Untergangs und der Klagen über die Verfolgung entsteht in der prophetischen Literatur der Entwurf einer neuen Gesellschaft, in der sich das Recht Jahwes endlich und endgültig durchsetzen wird. Auf diese neue Gesellschaft richtet sich die Hoffnung der verfolgten Jahweopposition. Dazu noch einmal Jeremia:

Siehe, es kommt die Zeit, spricht der HERR, daß sich das gnädige Wort erfüllen wird, das ich zum Hause Israel und zum Hause Juda geredet habe.
In jenen Tagen und zu jener Zeit will ich dem David einen gerechten Sproß aufgehen lassen; der soll Recht und Gerechtigkeit schaffen im Lande. Zu derselben Zeit soll Juda geholfen werden und Jerusalem sicher wohnen, und man wird es nennen: Der HERR unsere Gerechtigkeit!
Jer 33,14–16

Die Vorstellung, daß einmal eine neue Zeit für Israel anbricht, ist hier verbunden mit der Erwartung eines »neuen David«. Von diesem »neuen Gesalbten«, dem Messias, wird die Rettung und Befreiung Israels von äußeren Feinden ebenso erwartet wie die Aufrichtung des Jahwerechts im Land selbst.

Die bekannteste Messiasverheißung findet sich beim Propheten Jesaja, dem zweiten großen Propheten im Königreich Juda vor dem Exil. Da seine Verheißung später auf Jesus bezogen wurde, gehört sie zu den bekanntesten Texten der Weihnachtsbotschaft:

Das Volk, das im Finstern wandelt, sieht ein großes Licht, und über denen, die da wohnen im finstern Lande, scheint es hell ... Denn uns ist ein Kind geboren, ein Sohn ist uns gegeben, und die Herrschaft liegt auf seiner Schulter. Und er heißt Wunder-Rat, Gott-Held, Ewig-Vater, Friede-Fürst; auf daß seine Herrschaft groß werde und des Friedens kein Ende auf dem Thron Davids und in seinem Königreich, daß er's stärke und stütze durch Recht und Gerechtigkeit von nun an bis in Ewigkeit.

Jes 9,1. 5–6

In der Hoffnung auf den Messias liegt also eine sehr reale Vorstellung von einer neuen Gesellschaft. Das messianische Reich, das Jahwe heraufführen wird, ist in erster Linie die Aufrichtung des Jahwerechts, die Durchsetzung einer ganz konkreten alternativen Rechts- und Sozialordnung in ganz Israel. Das ist der Kern der Messiaserwartung, und das ist auch der Kern der Erwartung des Reiches Gottes – bis in die Predigt Jesu hinein!

Erst die Umgestaltung der Gesellschaft durch das Recht Jahwes macht das Friedensreich des Messias möglich, das wir als utopischen Entwurf in einer Vision des Jesaja finden:

Er [der Messias] wird mit Gerechtigkeit richten die Armen und rechtes Urteil sprechen den Elenden im Lande. Und er wird mit dem Stab seines Mundes den Gewalttätigen schlagen und mit dem Odem seiner Lippen den Gottlosen töten.
Gerechtigkeit wird der Gurt seiner Lenden sein und die Treue der Gurt seiner Hüften.
Da werden die Wölfe bei den Lämmern wohnen und die Panther bei den Böcken lagern. Ein kleiner Knabe wird Kälber und junge Löwen und Mastvieh miteinander treiben.
Kühe und Bären werden zusammen weiden, daß ihre Jungen beieinander liegen, und Löwen werden Stroh fressen wie die Rinder.
Und ein Säugling wird spielen am Loch der Otter, und ein entwöhntes Kind wird seine Hand stecken in die Höhle der Natter.
Man wird nirgends Sünde tun noch freveln auf meinem ganzen heiligen Berge.

Jes 11,4–9

In dieser utopischen Schilderung des messianischen Friedensreiches wird deutlich, was eigentlich mit »Schalom« gemeint ist. »Schalom«, »Friede«, bedeutet weit mehr als die Abwesenheit von Krieg. »Schalom« ist die Bezeichnung eines umfassenden Heilzustandes, in dem alle Widersprüche aufgehoben sind, unter denen Menschen leiden, ja auch die, unter der die Natur, die Schöpfung Gottes leidet.

Doch der Schalom ist erst möglich, wenn Recht und Gerechtigkeit herrscht – wenn das Land allen gehört und die Herrschaft von Menschen über Menschen aufhört, wie das Recht Jahwes es intendiert. Die Propheten des Jahwe und die Menschen, für die sie sprachen, wußten schon, was heute die Völker Lateinamerikas und des südlichen Afrika wieder am eigenen Leibe erfahren: daß es keinen Frieden gibt ohne Gerechtigkeit! Nur in diesem Zusammenhang wird auch das berühmte Wort des Propheten Micha richtig verstanden, denn auch für ihn ist die Voraussetzung des Friedens die Herstellung einer gerechten Gesellschaftsordnung. Dann aber ...

... werden sie ihre Schwerter zu Pflugscharen und ihre Spieße zu Sicheln machen.
Es wird kein Volk gegen das andere das Schwert erheben und sie werden hinfort nicht mehr lernen, Krieg zu führen. Ein jeder wird unter seinem Weinstock und Feigenbaum wohnen und niemand wird sie schrecken.
Mi 4,3–4

Hier wie auch in anderen Texten des Propheten Micha findet sich bereits die Vorstellung, daß das kommende Friedensreich nicht nur Israel den Schalom bringt, sondern allen Völkern.

Zugleich macht der Prophet klar, daß er die Erneuerung des Landes nicht von der Königsdynastie in Jerusalem erwartet: Der kommende Messias wird aus Bethlehem stammen:

Und du, Bethlehem, die du klein bist unter den Städten in Juda, aus dir soll mir kommen, der in Israel Herr sei, dessen Ausgang von Anfang und von Ewigkeit her gewesen ist ...
Er aber wird auftreten und weiden in der Kraft des HERRN und in der Macht des Namens des HERRN, seines Gottes. Und sie werden

*sicher wohnen; denn er wird zur selben Zeit herrlich werden, soweit
die Welt ist.*
Und er wird der Friede sein.
Mi 5,1,3–4

Auch diese Weissagung wurde später auf Jesus übertragen. Man
nimmt sogar an, daß in den späteren Geschichten über Jesus dessen
Geburt eigens nach Bethlehem verlegt wurde, damit die Messias-
prophezeiung des Micha auf ihn paßte (vgl. Mt 2,6).

Auch die Vorstellung, daß der Beauftragte Jahwes der »Hirte Israels« sei, taucht später bei Jesus, dem »guten Hirten«, wieder auf.

Die christliche Kirche hat lange Zeit geglaubt, daß die Propheten
des alten Israel tatsächlich Jesus als Messias vorausgesehen und vor-
ausgesagt hätten. In Wirklichkeit war es umgekehrt. Die Verkündigung Jesu war eine Fortsetzung der prophetischen Tradition des Alten Testaments. Und die Übertragung des Messiastitels auf Jesus
durch seine Anhänger, die, wie er selbst, Juden waren, zeigt nur, daß
sie in ihm im nachhinein den Repräsentanten der neuen Welt Gottes
sahen, von dem schon die Propheten gesprochen hatten. Von dieser
Überzeugung her wurden viele Jesusgeschichten so erzählt und aufgeschrieben, daß sie wie Erfüllungen von prophetischen Weissagungen aussahen.

Aber noch ist es nicht soweit.

Wenn Jahwe die Gefangenen Zions erlösen wird ...

Mit der Eroberung Jerusalems und der Verschleppung eines großen
Teils des Volkes ins Exil nach Babylon endet die erste Periode der
staatlichen Existenz Israels. In Babylon kommt es zu einer theologischen Neubesinnung. Die Deuteronomisten erstellen ihr Geschichtswerk und interpretieren die nationale Katastrophe Israels
als eine Folge des Abfalls von Jahwe und seinem Recht. Die Erinnerung an den Exodus wird neu hervorgeholt. Der Glaube an Gott,
der die Sklaven befreit, wurde wieder aktuell, denn er nährte die
Hoffnung auf eine neue Befreiung und Heimkehr.

Der »zweite Jesaja«, der als Prophet im Exil wirkte, gibt dieser
Hoffnung Ausdruck:

Tröstet, tröstet mein Volk! spricht euer Gott.
Redet mit Jerusalem freundlich und predigt ihr, daß ihre Knecht-
schaft ein Ende hat, daß ihre Schuld vergeben ist. Denn sie hat dop-
pelte Strafe empfangen von der Hand des HERRN für alle ihre Sün-
den.
Es ruft eine Stimme: In der Wüste bereitet dem HERRN den Weg,
macht in der Steppe eine ebene Bahn unserem Gott. Alle Täler sol-
len erhöht werden, und alle Berge und Hügel sollen erniedrigt wer-
den ...
Jes 40,1–3

Die Propheten Jahwes, die dem staatlichen Israel Strafe und Unheil
angekündigt hatten, predigen dem in der Fremde gefangengehalte-
nen Volk Heil und Hoffnung auf Befreiung. Im Lied der Exilierten,
ist diese Hoffnung ausgedrückt: *Wenn der HERR die Gefangenen*
Zions erlösen wird, so werden wir sein wie die Träumenden ...
Ps 126,1

Im Jahre 539 v. Chr. ist das babylonische Großreich selbst am Ende,
erobert von den Heeren des Perserkönigs Kyros. Kyros gibt ein Jahr
später ein Edikt heraus, das den Israeliten die Rückkehr in die Heimat erlaubt.

Mit dieser Rückkehr und dem Neuanfang im Land der Väter sind
große Hoffnungen verbunden. Die einen hoffen auf die Wiederherstellung nationaler Größe, auf ein neues »Reich Davids«. Die anderen erwarten sich die Durchsetzung des Rechtes Jahwes im neuen
Israel. Beide Hoffnungen werden enttäuscht. Zwar werden die Stadt
und der Tempel wieder aufgebaut, nach und nach normalisiert sich
das Leben in der zerstörten Heimat. Doch es ist nicht mehr das alte
Königreich Israel, das da entsteht. Auch wenn es bald wieder einen
König gibt, so bleibt Israel doch abhängig von den jeweils bestimmenden Großmächten – als Provinz des persischen, des griechischen und des römischen Reiches.

Auch die Spaltung des Volkes in soziale Klassen wird nach dem
Exil wieder zur oft beklagten Realität. Die Propheten Jahwes erneu-
ern ihre soziale Anklage.

Das Schrifttum aus jener Zeit spiegelt die Reaktion der verschiedenen Kreise auf diese Krise wider. Die konservativen nationalen

Kreise verfassen ein durch und durch restauratives Geschichtswerk, die »Bücher der Chronik«. In ihnen wird das Königtum Davids idealisiert und zur neuen Zukunftshoffnung gemacht.

Der weise Prediger, ganz resignierter Intellektueller, räsonniert: »Es gibt nichts Neues unter der Sonne.« Und der dritte Jesaja versucht noch einmal, das Bild von einer besseren Zukunft zu entwerfen, in der Jahwes Gerechtigkeit herrscht:

Denn siehe, ich will einen neuen Himmel und eine neue Erde schaffen, daß man der vorigen nicht mehr gedenken und sie nicht mehr zu Herzen nehmen wird ...
Man soll in ihm nicht mehr hören die Stimme des Weinens noch die Stimme des Klagens.
Es sollen keine Kinder mehr da sein, die nur einige Tage leben, oder Alte, die ihre Jahre nicht erfüllen ...
Die die Häuser bauen, werden sie auch bewohnen, die die Weinberge pflanzen, sollen auch seine Früchte essen. Sie sollen nicht bauen, was ein anderer bewohne, und nicht pflanzen, was ein anderer esse(!).
Denn die Tage meines Volkes werden sein wie die Tage eines Baumes, und ihrer Hände Werk werden meine Auserwählten genießen.
Sie sollen nicht umsonst arbeiten und keine Kinder für einen frühen Tod zeugen; denn sie sind das Geschlecht der Gesegneten der HERRN ...
Jes 65,17–23

Noch einmal: Die Gerechtigkeit der neuen Welt Jahwes ist konkret: »Was des Volkes Hände schaffen, soll des Volkes eigen sein.« Und diese neue Gerechtigkeit findet auf der Erde statt. Allerdings scheint der dritte Jesaja inzwischen der Meinung zu sein, daß das mit den alten Mitteln nicht mehr geht. Er scheint kaum Hoffnung zu haben, daß die bestehende Gesellschaft aus sich heraus fähig ist, die Welt des Schalom zu entwickeln. Deshalb muß etwas ganz Neues entstehen: ein neuer Himmel und eine neue Erde.

Zwischenspiel 1

Eine neue Ordnung. Oder besser
ein neuer Himmel und eine neue Erde.
Ein neues Jerusalem.
Weder New York noch Brasilia.
Leidenschaftlicher Wunsch nach Veränderung: die
Sehnsucht nach dieser Stadt. Eine geliebte Gemeinde.
Wir sind Fremde in der Stadt des Konsums.
Der neue Mensch und nicht das neue Oldsmobil.

Vor kurzem fragte mich ein Journalist, warum ich Gedichte schriebe:
    Aus dem gleichen Grund wie Amos, Nahum, Haggai, Jeremia ...
Sie, Monsignore, haben geschrieben: »Verdammt sei der Privatbe-
sitz.«
    Und der heilige Basilius: »Herren der gemeinsamen Güter, weil
sie die ersten waren, die sie sich nahmen.«
    Für die Kommunisten existiert Gott nicht, sondern die Gerech-
tigkeit.
    Für die Christen existiert Gott nicht ohne die Gerechtigkeit.

Ernesto Cardenal: Epistel an Monsignore Casaldáliga

Er stößt die Gewaltigen vom Thron ...

Nach dem Exil, in der Enttäuschung über das Mißlingen des Neuan-
fangs und durch die ständige Verschlechterung der politischen und
sozialen Situation in Israel scheint die Hoffnung auf einen Messias
Allgemeingut geworden zu sein. Vor allem die Armen hofften, daß
durch ihn alles anders würde. Sie hofften nicht auf einen neuen König. Sie hofften auf einen, mit dem alles neu würde: Er sollte das
Recht Gottes und das Reich Gottes auf die Erde bringen. An dieser
Hoffnung setzt die Verkündigung eines Mannes an, der sich selbst
nicht als Messias, sondern als einen Propheten des Reiches Gottes
ansah: Jesus von Nazareth.
    Von Jesu Botschaft, seinem Leben und Wirken, handelt der erste
Teil des Neuen Testaments, die Evangelien. In der Bezeichnung

»Neues Testament« drückt sich die Überzeugung der Jesus-Anhänger, der späteren »Christen«, aus, daß Gott sich in Jesus Christus auf neue Weise offenbart hat und durch ihn einen neuen »Bund« mit den Menschen schließt. Dieser Bund ist nicht mehr auf das Volk Israel beschränkt, sondern schließt alle ein, die an Jesus Christus glauben. Sie sind das neue »Volk Gottes«.

Das alles ist jedoch eine spätere Interpretation dessen, was Jesus gewesen sei und gewollt habe. Wer aber war Jesus von Nazareth tatsächlich?

Lange Zeit hat man geglaubt, die Antwort auf diese Frage in den Evangelien finden zu können, die ja vom Leben und Wirken Jesu berichten. Nach ihnen wäre Jesus: Sohn Gottes, Messias, Prediger, Wundertäter und Gründer der christlichen Kirche.

Jedoch: Die Geschichten, die in den Evangelien über Jesus erzählt werden, sind keine historischen Berichte. Es gibt gar keine schriftlichen Berichte aus der Jesuszeit. Die wissenschaftliche Erforschung der Evangelien hat ergeben, daß diese erst in der Zeit von 70–100 n. Chr. aufgeschrieben wurden, also von Söhnen und Enkeln derer, die Jesu Zeitgenossen waren.

Außerdem sind die Evangelien an verschiedenen Orten entstanden. Sie geben die jeweilige Gemeindetradition von judenchristlichen Gemeinden – Matthäus und Markus – und heidenchristlichen Gemeinden – Lukas und Johannes – aus dem ersten nachchristlichen Jahrhundert wieder.

Die Evangelisten sind nicht Jünger Jesu gewesen. Sie sind spätere Sammler und Redaktoren von bereits vorliegendem Überlieferungsmaterial.

Daraus ergibt sich: In den Evangelien wird Jesus nicht so beschrieben, wie er war, sondern wie ihn die ersten Gemeinden jeweils sahen.

Nun könnte diese Sicht den historischen Fakten ja noch relativ nahekommen, wenn sie nicht bereits von einem Glauben geprägt wäre, der das ganze Jesusgeschehen in einem anderen Licht erscheinen läßt: von dem Glauben, daß Jesus von Nazareth nicht nur ein Lehrer und Prophet, sondern der Messias, der Christus, der Sohn Gottes ist. Von diesem Glauben her wird in den Evangelien ein Bild Jesu gezeichnet, das mit dem historischen Jesus nicht mehr ganz übereinstimmt. Auch manches, was Jesus dort über sich selbst sagt, ist nicht das Selbstverständnis des historischen Jesus gewesen – die urchristliche Gemeinde hat ihm ihre Interpretation nachträglich in den Mund gelegt.

Natürlich haben die Evangelien einen historischen Kern. Daß es Jesus und die Jesusbewegung gegeben hat, ist historisch unumstritten, ebenso der Inhalt seiner Botschaft und sein Tod am Kreuz. Doch gilt für die Evangelien im besonderen Maße, daß wir sie nicht als Tatsachenberichte lesen dürfen, sondern als Glaubensgeschichten von Menschen zu verstehen haben.

Hinter dem Jesusbild der urchristlichen Gemeinde wird der historische Jesus nur in Umrissen sichtbar. Von ihm weiß man bisher, daß er sich selbst als Propheten Gottes ansah, daß er in besonders radikaler Weise das Nahen des Gottesreiches ankündigte, daß er mit einer Schar von Anhängern als Wanderprediger durchs Land zog, daß er Kritik am Kult und der kasuistischen Gesetzlichkeit übte, und daß er schließlich als Aufrührer gegen die Macht Roms hingerichtet wurde – durch Kreuzigung, die Rebellen gegen das römische Reich vorbehalten war.

Neben Jesus und der Jesusbewegung scheint es eine ganze Reihe ähnlicher Wanderprediger und Wanderbewegungen gegeben zu haben – Johannes der Täufer, der in der Überlieferung der christlichen Gemeinde zum Vorläufer und Herold Jesu wird, war wohl eher ein »Kollege« des Mannes aus Nazareth. Auch er kündigt das Kommen des Reiches Gottes an; auch er zieht mit Jüngern durchs Land; auch er endet als Märtyrer für die Sache Gottes: Herodes, der König Israels, läßt ihn gefangennehmen und später – angeblich auf Bitten seiner Tochter Salome – enthaupten.

Jesus selbst stammt, wie auch die Jesusbewegung, aus der Unterschicht. Sein Vater Joseph war Zimmermann, und auch Jesus übte diesen Beruf aus – bis er seine Heimatstadt Nazareth verließ und lehrend und predigend durchs Land zog. Wie seine alttestamentlichen Vorgänger war auch Jesus kein ausgebildeter theologischer Lehrer und Prophet – aber er kannte sich wohl in der »Schrift« gut aus und scheute den Disput mit den Theologen seiner Zeit nicht.

Die Schicht, aus der Jesus und die Jesusbewegung kommt, war damals in einer oft verzweifelten Lage. Die römische Besatzungsmacht, die einheimische Oligarchie und ein Heer von kleinen und großen Kollaborateuren beutete die Menschen bis aufs Blut aus.

Spätere Darstellungen der Jesusgeschichte vermitteln manchmal den Eindruck, als habe sich das Ganze in einer Idylle von Hirten und Fischern abgespielt, die zwar einfach war, aber doch irgendwie beschaulich. Dieses Bild trügt. Die Situation der Armen zur Zeit Jesu hat vielmehr große Ähnlichkeit mit der Not unterdrückter und ausgeplünderter Völker in der »dritten Welt«.

Von diesen Menschen wurde sehnlich der Messias und das Reich Gottes erwartet, in dem sich das Recht Gottes durchsetzt und die Armen endlich zu ihrem Recht kommen.

Diese Hoffnung durchzieht die gesamte Jesusüberlieferung. Denn auch die christliche Urgemeinde gehörte zu den Armen. Das Christentum ist in den ersten nachchristlichen Jahrhunderten vornehmlich eine Religion der »kleinen Leute« und der Sklaven gewesen – und diese verbanden mit ihrem Glauben an den Messias, den Retter und Befreier, eine sehr konkrete Hoffnung auf eine radikale Veränderung ihrer Lebensverhältnisse.

Die Geschichte Jesu im Evangelium des Lukas beginnt damit, daß dieser Hoffnung Ausdruck verliehen wird. Es wird erzählt, Maria habe gesagt bekommen, ihr Sohn solle einmal der von Gott gesandte Befreier werden. Sie habe dann gesungen:

Meine Seele erhebt den Herrn,
und mein Geist freut sich Gottes, meines Heilands,
denn er hat die Niedrigkeit seiner Magd angesehen.
Er übt Gewalt mit seinem Arm und zerstreut,
die hoffärtig sind in ihres Herzens Sinn.
Er stößt die Gewaltigen vom Thron und erhöht die Niedrigen
Die Hungrigen erfüllt er mit Gütern und läßt die Reichen leer.

Lk 1,46–52

Dieser Lobgesang der Maria, das »Magnificat«, gilt noch heute in Lateinamerika als das »Gebet der Armen«. Viele tragen es, auf kleine Zettel geschrieben und in einem Medaillon zusammengerollt, als Amulett um den Hals. In ihm wird der Gott der Armen aus der Verkündigung der Propheten und den alten Überlieferungen Israels beschworen. Von ihm wird erwartet, daß er sein Recht durchsetzt und die ausgleichende Gerechtigkeit walten läßt. Das Erscheinen Jesu schließlich ist für die Gemeinde, in der das Lukas-Evangelium entstanden ist, das Zeichen dafür, daß Gott nun sein Versprechen eingelöst und den Messias, den Retter auf die Erde geschickt hat.

Euch ist heute der Heiland geboren!

Der Glaube an Jesus, den Retter, findet seinen stärksten Ausdruck in der Verkündigung der Engel, die den Hirten die Geburt Jesu bekanntgeben:

> *»Fürchtet euch nicht! Siehe, ich verkündige euch große Freude, die allem Volk widerfahren wird.*
> *Denn euch ist heute der Heiland geboren, welcher ist Christus, der Herr, in der Stadt Davids.*
> *Und das habt zum Zeichen: Ihr werdet finden das Kind in Windeln gewickelt und in einer Krippe liegen.«*
> Lk 2,10–13

Auch diese Szene ruft bei uns heute eher romantische Bilder hervor. Damals war es jedoch ein subversiver Text, und Lukas überliefert ihn mit einer regelrecht obrigkeitsfeindlichen Absicht.

Abgesehen davon, daß das Dasein von Hirten in jener Zeit gar nicht romantisch und ihr Sozialprestige besonders niedrig war, abgesehen auch davon, daß der Messias hier den Ärmsten der Armen zuerst verkündet wird, liegt schon in der Bezeichnung »Heiland« ein subversives Element.

Der Titel Heiland geht nämlich auf den griechischen Begriff »soter«, der »Erretter«, zurück. Diesen Titel aber beanspruchte damals der Kaiser in Rom, der sich als »Heiland der Welt, Heiland und Wohltäter aller Menschen, unbesiegbarer Sohn Gottes« feiern ließ.

Auf diesem Hintergrund wird gesagt: Euch ist der Heiland geboren – ein Kind in der Krippe! Dieser Heiland ist einer von den Armen. Er wird ihnen Recht und Frieden bringen.

Von diesem Gedanken ist auch die Verkündigung Jesu selbst bestimmt. Der erste öffentliche Auftritt, der im Lukas-Evangelium von Jesus überliefert wird, beginnt mit einer programmatischen Erklärung.

Und Jesus kam nach Nazareth ... und ging nach seiner Gewohnheit am Sabbat in die Synagoge und stand auf und wollte lesen.
Da wurde ihm das Buch des Propheten Jesaja gereicht. Und als er das Buch aufschlug, fand er die Stelle, wo geschrieben steht:
»Der Geist des HERRN ist auf mir, weil er mich gesalbt hat, zu verkündigen das Evangelium den Armen;
er hat mich gesandt, zu predigen den Gefangenen, daß sie frei sein sollen, und den Blinden, daß sie sehen sollen, und den Zerschlagenen, daß sie frei und ledig sein sollen, zu verkünden das Gnadenjahr des HERRN.«
Und als er das Buch zutat, gab er's dem Diener und setzte sich. Und aller Augen in der Synagoge sahen auf ihn. Und er fing an zu ihnen zu reden:
»Heute ist dieses Wort der Schrift erfüllt vor euren Ohren!«
Lk 4,16–21

Zweierlei wird in diesem Text deutlich. Zunächst dies, daß die Gemeinde Jesu hier ihren Glauben zum Ausdruck bringt, daß Jesus aus Nazareth der von Jesaja angekündigte Messias sei. Aber noch etwas anderes ist hier wichtig: das »Gnadenjahr«, von dem in der Weissagung des Jesaja die Rede ist, ist nur ein anderes Wort für das »Erlaßjahr« aus der altisraelitischen Überlieferung vom Recht Jahwes! Und die Aussage, daß sich Jesus an dieser entscheidenden Stelle seines Wirkens auf das Erlaßjahr bezieht und sich sogar selber als der Verkünder des Erlaßjahres bezeichnet, macht deutlich, daß die Gemeinde sein Wirken in der Tradition der das Jahwerecht verkündenden und verteidigenden Propheten Israels sieht. Mehr noch: Die Gemeinde drückt hier ihre Überzeugung aus, daß Jesus, der Messias, das Recht Jahwes aufrichtet – zur Befreiung der Gefangenen, zur Heilung der Blinden, zur Rettung der Armen.

Das ist nun allerdings für das Verständnis der Botschaft Jesu vom Reich Gottes von größter Bedeutung. Denn wenn von ihm gesagt wird, er sei gekommen, um das Recht Jahwes durchzusetzen, dann meint auch seine Predigt vom Kommen des Gottesreiches, in dem das Recht Gottes herrscht, nichts anderes als die Errichtung einer neuen, gerechten Rechts- und Sozialordnung auf der Erde. Der Heiland, der da geboren wurde, ist nicht nur für die »Seele« da – er verändert die Welt!

Selig seid ihr Armen!

Die Botschaft vom Kommen des Reiches Gottes ist, soviel wir wissen, das zentrale Anliegen auch des historischen Jesus gewesen. Er war wohl schon zu Lebzeiten das Sprachrohr derer, die auf eine neue Welt hofften, weil sie von der alten nichts mehr zu erwarten hatten. Doch diese neue Welt, das »Reich Gottes« oder das »Reich der Himmel«, ist im Verständnis Jesu und der ersten Gemeinde nichts Jenseitiges, sondern ein »neuer Äon«, ein neues Zeitalter auf der Erde, ähnlich wie der »dritte Jesaja« es beschrieben hatte.

Der Anbruch dieses neuen Zeitalters aber ist gebunden an die Durchsetzung des Gottesrechtes auf der Erde – und so ist der Kern des Gottesreiches das alte Jahwerecht, und die Predigt Jesu vom Reich Gottes ist die Weiterentwicklung und Universalisierung der alten Vorstellung, daß sich die Rechts- und Sozialordnung des Jahwerechts in Israel durchsetzen müssen, damit alle Menschen zu ihrem Recht kommen.

Erst auf diesem Hintergrund werden die Seligpreisungen in der Bergpredigt bei Matthäus verständlich: Die neue Zeit wird denen gehören, die »nichts zu verlieren haben als ihre Ketten!«

Selig sind, die da geistlich arm sind; denn ihrer ist das Himmelreich.
Selig sind, die da Leid tragen; denn sie sollen getröstet werden.
Selig sind die Sanftmütigen, denn sie werden das Erdreich (oder: das Land) besitzen.
Selig sind, die da hungert und dürstet nach der Gerechtigkeit; denn sie sollen satt werden ...
Mt 5,3–6

Die Bergpredigt wird oft als »Magna Charta des Reiches Gottes« oder auch als »Katechismus« der Urgemeinde bezeichnet. Zweifellos hatte sie eine besondere Bedeutung im Leben der Urgemeinde, denn sie ist nicht zuletzt auch ein Verbindungsglied zwischen der Verkündigung des historischen Jesus und dem Glauben der Gemeinde an den von Gott gesandten Messias, den Christus.

Später, als das Reich Gottes zum »besseren Jenseits« wurde, hat man die Seligpreisungen Jesu als Vertröstung der Armen und Entrechteten auf ein besseres Leben nach dem Tod mißbraucht. Diesen

Mißbrauch hat Karl Marx vor Augen, wenn er sagt: »Die sozialen Prinzipien des Christentums setzen die konsistorialrätliche Ausgleichung aller Infamien in den Himmel und rechtfertigen dadurch die Fortdauer dieser Infamien auf der Erde.«

Doch diesen Vertröstungscharakter hatten die Seligpreisungen ursprünglich nicht. Sie waren vielmehr Ausdruck der Hoffnung der Armen, daß von Gottes Reich und Gottes Recht die realen Lebensverhältnisse umgestaltet werden. Dieser Hoffnung wird auch in den Bitten des Vaterunser Ausdruck verliehen: »Unser tägliches Brot gib uns heute! Erlöse uns von dem Bösen!«

Diese Umgestaltung wird einerseits von Gott erwartet; andererseits verbindet sich die Verkündigung des Gottesreichs bei Jesus immer mit dem Ruf zur Umkehr, zur Änderung des menschlichen Zusammenlebens. Und in den Geschichten, die von Jesus erzählt werden, ist auch immer wieder von veränderten Verhaltensweisen und veränderndem Handeln die Rede. Das Gottesreich, davon ist die christliche Gemeinde überzeugt, ist im heilenden Handeln Jesu und im solidarischen Leben seiner Gemeinde bereits Wirklichkeit.

Der Sabbat ist für den Menschen gemacht!

Mit Jesus, so glaubt die Urgemeinde, ist das Reich Gottes in seinen ersten Anfängen schon da. Als Zeichen dafür erzählen sie von Wundern, die sich um Jesus herum ereignen.

Diese Wundergeschichten zeigen, wie handfest die Hoffnungen der Armen auf das Gottesreich waren. Denn sie handeln vom Sattwerden, vom Gesundwerden und vom Freiwerden. Sie geben der Überzeugung Ausdruck, daß der Messias gekommen ist, damit »sie Leben und volles Genüge haben«.

Wieder finden wir das Motiv aus dem »Märchen der Armen« – diesmal auf Jesus projiziert, der fünftausend Menschen mit fünf Broten und zwei Fischen satt macht.

Und das Johannesevangelium berichtet als erste öffentliche Tat Jesu das Wunder der Verwandlung von Wasser in Wein ...

Natürlich sind es nicht solche Geschichten, mit denen sich die Jesus-gemeinde Feinde schafft. Verfolgt wurden Jesus und seine Anhänger, weil die Predigt vom Anbruch des Gottesreichs gleichbedeutend war mit der Proklamation des Endes jeder Menschenmacht. Und weil sich Jesus und seine Jünger wahrscheinlich oftmals schon so verhielten, als sei dieses Ende bereits eingetreten.

An dieser Stelle ist es wohl auch zum Konflikt mit Vertretern der institutionalisierten jüdischen Religion gekommen. Diese stoßen sich zum Beispiel daran, daß Jesus und seine Jünger sich über die inzwischen sehr differenzierten Bestimmungen des Sabbatgebotes hinwegsetzen, überall da, wo das Halten des Sabbats zur religiösen Pflichtübung ausartete.

Und es begab sich, daß er am Sabbat durch ein Kornfeld ging; und seine Jünger fingen an, während sie gingen, Ähren auszuraufen. Und die Pharisäer sprachen zu ihm: »Siehe doch, was tun deine Jünger am Sabbat, das nicht erlaubt ist?« ...
Und er sprach zu ihnen: »Der Sabbat ist um des Menschen willen gemacht, und nicht der Mensch um des Sabbat willen. So ist der Menschensohn ein Herr auch über den Sabbat.«
Mk 2,23–24. 27f.

Diese Geschichte macht deutlich, daß Jesus für ein neues Verhältnis der Menschen zu Gott eintritt, eines, das sich an der ursprünglichen Funktion des Gesetzes Gottes orientiert. Die Gebote Gottes sind für die Menschen gemacht: Sie sind der Maßstab aller religiösen Praxis. In eine ähnliche Richtung zielt die Auseinandersetzung um das »wichtigste Gebot«. Auf die Frage eines Theologen, welches das wichtigste Gebot sei, läßt ihn Jesus das alte Gebot Israels: »Du sollst Gott lieben und deinen Nächsten wie dich selbst«, zitieren.

Auf die Frage, wer denn der Nächste sei, antwortet Jesus mit der bekannten Geschichte vom »barmherzigen Samariter«. In ihr wiederholt er die Kultkritik der alten Propheten. Denn an dem Mann, der halbtot am Wegrand liegt, geht erst der Priester vorbei und dann der Tempeldiener. Erst der Samariter, in den Augen frommer Juden ein Ungläubiger, hilft dem Hilflosen. Er ist derjenige, der Gottes Gebot erfüllt, auch wenn er nicht das »richtige Gesangbuch« hat.

Auch in dieser Hinsicht steht Jesus also in der Tradition der Propheten. Er kritisiert den Kult des Gottesdienstes, wenn er das Handeln für den Nächsten ersetzt oder dem, was Gott will, entgegensteht. Einen Höhepunkt erreicht diese Auseinandersetzung, als Jesus die Tempelhändler aus dem Vorhof des Tempels vertreibt – mit den gleichen Worten, mit denen schon Jeremia den Tempel und seine Priesterschaft angegriffen hat:

Und Jesus ging in den Tempel hinein und trieb heraus alle Verkäufer und Käufer im Tempel und stieß die Tische der Geldwechsler um und die Stände der Taubenhändler und sprach zu ihnen: »Es steht geschrieben: Mein Haus soll ein Bethaus heißen; ihr aber macht eine Räuberhöhle daraus.«
Mt 21,12−13

Eli, Eli, lama asabtani!

Mit der Predigt vom Gottesreich und mit Aktionen gegen den Tempelkult hat Jesus alle gegen sich aufgebracht, denen an »Recht und Ordnung«, an der »pax romana« und am Status quo gelegen ist. Ein Jahr nach Beginn seines öffentlichen Auftretens wird ihm der Prozeß gemacht. Er wird vom römischen Statthalter Pontius Pilatus zum Tod am Kreuz verurteilt.

Die Evangelisten berichten unterschiedlich über den Tod Jesu. Das kommt daher, daß auch die Berichte über die Kreuzigung keine historischen Berichte sind. Man hat sie einmal »Kurzfassungen der Theologie der Evangelisten« genannt, und das kommt der Sache wohl ziemlich nahe.

Jeder der Evangelisten läßt nämlich Jesus in seiner letzten Stunde noch etwas sagen, was ihm typisch und besonders wichtig für die Person und den Auftrag Jesu erscheint.

In »biblischen Geschichten« oder auch in Jesusfilmen sind die vier Berichte meist zu einem zusammengestellt worden. Diese historisierende Darstellung hat zur Folge, daß man von dem sterbenden Jesus den Eindruck eines souveränen Gottessohns und Übermenschen erhält, der nur an andere denkt und zudem noch in der Lage ist, unter der Folter, die die Kreuzigung bedeutet, lange Reden zu halten. In Wirklichkeit verteilen sich die »sieben Worte Jesu am Kreuz« auf alle vier Darstellungen.

Für Lukas ist Jesus bis zum Schluß der Heiland. Er bittet Gott um Vergebung für seine Peiniger und verspricht einem seiner Leidensgenossen, ihn mit sich ins Paradies zu nehmen. In der Darstellung des Lukas ist Jesus der Gottessohn, der nach vollbrachter Mission zum Vater zurückkehrt: »Vater, in deine Hände befehle ich meinen Geist.«

Johannes zeichnet ein ähnliches Bild. Auch er läßt Jesus in seiner Todesstunde noch etwas bewirken. Er führt seine Mutter mit dem Jünger Johannes zusammen und stiftet die erste Gemeinde unter dem Kreuz: »Es ist vollbracht.«

Nur Matthäus und Markus stellen den Menschen Jesus dar. Der bringt nichts mehr heraus als den Klageschrei des leidenden Gerechten:

Und von der sechsten Stunde an kam eine Finsternis über das ganze Land bis zur neunten Stunde.
Und um die neunte Stunde schrie Jesus laut:
»Eli, Eli, lama asabtani!« das heißt: Mein Gott, mein Gott, warum hast du mich verlassen?
Mt 27,45 f.

Damit scheint die Geschichte des Jesus aus Nazareth zu Ende zu sein. Seine Anhänger tauchen unter. Doch bald gibt es welche, die behaupten, der Gekreuzigte lebe weiter. In ihm habe sich Gott offenbart. Er sei der Messias, der Gesalbte Gottes, der Befreier. Auf griechisch heißt Messias »Christus«. Jesus erhält also den Titel Christus. Der Glaube, daß Jesus von Nazareth der Christus ist, macht seine Anhänger zu Christen. Sie glauben, daß er der Heiland, der Retter ist. Mit ihm, so sagen sie, habe das Reich Gottes begonnen, und er komme wieder, um es endgültig auf der Erde aufzurichten. In seiner Gemeinde sei das Gottesreich bereits da. Sie lebt schon im neuen Zeitalter. Aus dieser Überzeugung heraus praktizieren die ersten Christen Besitzlosigkeit und Gütergemeinschaft. Die christliche Kirche beginnt ihre Geschichte als kleine, radikale, verfolgte Minderheit.

Ihr geheimes Erkennungszeichen in den Katakomben des römischen Reiches ist ein Fisch, griechisch: *Ichthys* – Ιχφυσ. Die Buchstaben sind das Kürzel für das erste christliche Bekenntnis: *Iesous Christos Theou Yios Soter* – Jesus Christus Gottes Sohn Retter.

Im Reich des selbsternannten Gottessohnes und Heilandes in Rom war der Fisch das Zeichen der Subversion.

Zwischenspiel 2

Monsignore, wir sind subersiv,
eine geheime Nummer auf einer Karte in Gott weiß welchem Archiv,
Nachfolger des schlechtgekleideten Proletariers und Visionärs, des professionellen Aufwieglers, hingerichtet als Feind des Systems.
Wie Sie wissen, war es eine Folter für die Subversiven,
das Kreuz, für die Politischen, und nicht ein Schmuckstück aus Rubinen
auf der Brust eines Bischofs.

Das Profane existiert nicht mehr.
Er ist nicht jenseits der atmosphärischen Himmel.
Was macht es, Monsignore, wenn die Militärpolizei oder die CIA
uns in Nahrung für die Bakterien verwandelt
und uns im ganzen Universum verstreut?
Pilatus schrieb das Schild in vier Sprachen:
Subersiv

Einen verhafteten sie beim Bäcker.
Einen anderen an der Bushaltestelle,
auf dem Weg zur Arbeit.
Ein Junge mit langen Haaren fällt auf einer Straße in Sao Paulo.
Es gibt die Auferstehung des Fleisches.
Wie könnte es sonst die permanente Revolution geben?

Ernesto Cardenal: Epistel an Monsignore Casaldáliga

Die Bibel – das Buch der »Kirche von unten«

Das Bekenntnis der ersten Christen zu Jesus, dem Sohn Gottes, war zweifellos ein Akt der Subversion. Es stellte den Machtanspruch des Kaisers in Rom, der sich als Gottessohn bezeichnete, in Frage – und die römischen Kaiser wußten das. Die Christen im römischen Reich machten sich nicht nur durch einen alternativen Lebensstil und durch Kriegsdienstverweigerung unbeliebt, sondern auch dadurch, daß sie nicht am Kult der Kaiserverehrung teilnahmen. In den Zeiten der Christenverfolgungen wurde das Kaiseropfer zum Nachweis der Staatstreue. Tausende Christen bezahlen ihre Weigerung, dem Kaiser zu opfern, mit dem Leben.

Jesus war der Sohn Gottes und der Herr der Gemeinde – sonst niemand. Dieser Glaube war für die ersten Christen von großer Bedeutung. Dabei machte es nicht viel aus, daß sich die Vorstellungen von der Gottessohnschaft Jesu »regional« unterschieden. Diese Unterschiede finden wir schon im Neuen Testament selbst. Sie kommen daher, daß das Christentum zwar im jüdischen Kultur- und Traditonsbereich entstanden ist, dann aber – nicht zuletzt durch die unermüdliche Missionstätigkeit des Paulus – sehr bald Eingang in den griechisch-hellenistischen Kulturkreis fand.

Dabei verschob sich die Bedeutung mancher Begriffe und Vorstellungen. Am deutlichsten wird das bei der Vorstellung, die sich mit dem Begriff »Sohn Gottes« verbindet.

Für die Juden war »Sohn Gottes« ein Ehrentitel. Er kommt bereits im Alten Testament vor. Mit ihm wird zum Beispiel der König David bezeichnet. Aber in erster Linie drückt er die besondere Nähe eines Menschen zu Gott aus. Ein solcher Mensch wurde von Gott zum Sohn »adoptiert«; er war dann Sohn Gottes »ehrenhalber«. Wenn die ersten Christen, die ja Juden waren, Jesus »Sohn Gottes« nannten, so hatten sie dabei die Vorstellung, daß Jesus aufgrund seines Lebens und Wirkens von Gott zum Gottessohn adoptiert worden sei.

Diese Vorstellungen finden wir sowohl bei Paulus als auch in den Evangelien des Matthäus und Markus, die in judenchristlichen Gemeinden entstanden sind. Paulus ist der Überzeugung, daß Jesus ein Mensch »aus dem Geschlecht Davids« war, der bei seiner »Auferstehung« zum Gottessohn adoptiert wurde – und das bedeutet, von Gott in seinem Handeln und Reden bestätigt wurde. Matthäus und Markus legen die Adoption Jesu zum Gottessohn an den Beginn seiner öffentlichen Wirksamkeit: Bei der Taufe Jesu durch Johannes sagt eine Stimme: Dies ist mein lieber Sohn, an ihm habe ich Wohlgefallen.

Erst bei Lukas kommt eine völlig andere Vorstellung von der Gottessohnschaft Jesu ins Spiel. Da erscheint ein Engel und kündigt der noch jungfräulichen Maria die Geburt eines Kindes an, das vom Geist Gottes gezeugt, von einer Jungfrau geboren wird und damit Sohn Gottes von Anfang an ist, ein göttlicher Mensch, Sohn Gottes durch übernatürliche Zeugung und Geburt. Diese Vorstellung stammt aus der griechischen Mythologie, die ja von manchen Halbgöttern bevölkert ist, die alle aus der Verbindung eines Gottes mit einer irdischen Jungfrau stammen. Diese Vorstellung ist in den heidenchristlichen Gemeinden auf Jesus übertragen worden, was weitreichende Folgen hatte – nicht nur den Glauben an die »Jungfrau« Maria. Doch wer sich an dieser Stelle des christlichen Glaubensbekenntnisses immer schon schwer tat, kann jetzt aufatmen: Für die ersten Christen ist Jesus auf natürliche Art gezeugt und geboren worden! Aber auch Lukas ging es nicht um die Darstellung eines biologischen Tatbestands, sondern um eine theologische Aussage. Das Bild von der Jungfrauengeburt deutet an, daß mit dem Messias Jesus etwas wirklich Neues beginnt. Er setzt nicht die Herrschaft Davids fort, denn er ist weder »sozial« noch »biologisch« mit Joseph »aus dem Haus Davids« verbunden. Der neue Messias kommt »von unten«, nicht »von oben«. Es geht nicht um Fortschreibung der Geschichte, sondern um Revolution!

Dieser Gedanke aber war schon in Vergessenheit geraten, als sich die Kirche schließlich für die griechische Version des Glaubens an den Sohn Gottes entschied. Die Entscheidung fiel 325 n. Chr. auf dem ersten Konzil der christlichen Lehre in Nicäa. Dort standen zwei unterschiedliche Lehrmeinungen zur Debatte. Die erste, vertreten durch Arius, lautete: Jesus war Mensch, der von Gott adoptiert wurde – aber er war nicht Gott. Er ist Gott ähnlich, aber er ist nicht Gott gleich. Die zweite, vertreten durch Athanasius, lautete:

Jesus ist Gott und Mensch zugleich. Als Mensch ist er auch Gott. Er ist Gott gleich.

Beide Theologen konnten ihre Auffassung mit der »Heiligen Schrift« belegen. Man debattierte sehr lange. Nach mehreren monatelangen Diskussionsrunden drohte das Treffen unentschieden auszugehen. Wer in letzter Instanz den Streit entschied, war – der römische Kaiser! Er war der erste Kaiser in Rom, der sich entschlossen hatte, lieber mit dem Christentum als gegen die immer stärker werdende christliche Kirche zu regieren. Konstantin der Große hatte zu Beginn des 4. Jahrhunderts n. Chr. begonnen, das Christentum im römischen Reich erst zu tolerieren, dann zu favorisieren. Aber natürlich hatte er kein Interesse an einem Christentum, das seine Herrschaft untergrub.

Die Entscheidung, die unter dem Druck des Kaisers in Nicäa fiel und die dann in unserem Glaubensbekenntnis festgehalten wurde, war eine Entscheidung gegen den subversiven Propheten Jesus aus Nazareth und sie war eine Entscheidung gegen einen Gott, der diesen Subversiven auch noch als »Sohn« adoptiert haben soll. Sie war eine Entscheidung gegen den Gott des Exodus und der Propheten. Sie verbannte Gott, den Befreier, zusammen mit seinem Sohn und seinem Geist als »Heilige Dreieinigkeit« in den fernen Himmel. Da oben saßen sie gut; dadurch konnten sie auf der Erde nichts mehr anrichten. Ihr Sachverwalter auf Erden wurde die allwissende und alleinseligmachende Kirche. Deren erste Aktion nach dieser Entscheidung war die Verfolgung der »Ketzer«, der »Abtrünnigen«: Unzählige »Arianer« fielen ihr zum Opfer.

Damit waren die Weichen gestellt, die Geschichte des »christlichen« Abendlandes konnte beginnen. Im Jahre 381 n. Chr. wurde endgültig aus der einst verfolgten, subversiven Religion der »kleinen Leute« die Staatsreligion des römischen Reiches. Die christliche Kirche hatte sich mit der staatlichen Gewalt verbunden. Sie nutzte diese Verbindung – zur Mehrung ihres Reichtums und ihrer Macht.

Von diesem Schlag hat sich das Christentum lange nicht mehr erholt. Und auch der Bibel ist diese Entwicklung nicht gut bekommen. Sie wurde zwar nach außen prächtiger, in Gold und Silber gefaßt – aber darunter wurde ihr Inhalt erst einmal begraben. Was sollte auch eine Kirche, die sich anschickte, auf Jahrhunderte zu einem entscheidenden Machtfaktor der abendländischen Welt zu werden, mit dem Gott des Exodus und der Propheten anfangen?

Und doch setzte sich dieser Gott immer wieder durch. Denn es gab und gibt nicht nur die Geschichte der Kirche von oben, sondern auch die Geschichte der Kirche von unten. Es gab nicht nur Kreuzzüge, Ketzerverfolgung, Inquisition und Hexenverbrennung. Es gab nicht nur die Majestät von Gottes Gnaden und die Gott-mit-uns-Ideologie des Imperialismus.

Es gab immer wieder Menschen und Bewegungen in der Kirche, die in der Bibel den »Gott der kleinen Leute« und den Jesus der Bergpredigt entdeckten. Sie wurden meist von der staatlichen Macht ebenso wie von der Kirche der Mächtigen verfolgt. Denn es ging dabei eben nicht nur um andere religiöse Ideen, sondern um eine andere kirchliche und politische Praxis. Deshalb wurden die Waldenser von den französischen Adeligen des Mittelalters gnadenlos ausgerottet und vertrieben. Deshalb wurde der Pfarrer und Bauernführer Thomas Müntzer von den Fürsten steckbrieflich gesucht. Deshalb hat der Franziskanerpater Leonardo Boff aus der »Kirche der Armen« Brasiliens Lehr- und Publikationsverbot erhalten.

Es scheint, als sei die Geschichte Gottes, des Befreiers der Unterdrückten und Anwalts der Armen noch lange nicht abgeschlossen. Noch immer braucht er Propheten, die sein Recht einklagen, Martin Luther King und Rosa Luxemburg, Nelson Mandela und die Arbeiterpriester, die Aktiven in den Basisgemeinden und Monsignore Casaldáliga, den Vater der Amazonas-Indianer. Diese Geschichte Gottes wird ihr Ziel erst erreicht haben, wenn eine neue Zeit anbricht – eine Zeit, auf die alle hoffen, die sich mit Ungerechtigkeit und Krieg, mit der Welt, so wie sie heute ist, nicht abfinden können.

Anmerkungen

1. Zitiert nach: Arnulf Zitelmann, Widerrufen kann ich nicht. Die Lebensgeschichte des Martin Luther, Weinheim und Basel 1983, S. 103
2. Helmut Gollwitzer in: Willy Schottroff/Wolfgang Stegemann, Traditionen der Befreiung (1), München 1980, S. 34 f.
3. Pnina Navé Levinson, Eva und ihre Schwestern, Gütersloh 1992, S. 51 ff.
4. Christa Mulack, Maria, die geheime Göttin im Christentum, Stuttgart 1985
5. Dorothee Sölle/Luise Schottroff, Die Erde gehört Gott, Hamburg 1985
6. Dietrich Bonhoffer, Gesammelte Schriften II, München 1958–74, S. 441
7. Luise Schottroff, Lydias ungeduldige Schwestern, Gütersloh 1994
8. Etienne Charpentier, Führer durch das Alte Testament, Düsseldorf 1984, S. 53
9. Zitiert in: Dorothee Sölle/Luise Schottroff, Die Erde gehört Gott, a. a. O., S. 58
10. Kuno Füssel, Drei Tage mit Jesus im Tempel, Münster 1987, S. 21
11. Ebd.
12. Ebd., S. 13
13. Ebd., S. 27
14. Georges Casalis in: Luise Schottroff/Wolfgang Stegemann, Traditionen der Befreiung, a. a. O., S. 145
15. Kuno Füssel, a. a. O., S. 27

S. 80/91: Auszüge aus Epistel an Monsignore Casaldáliga, Ernesto Cardenal, Wir sahen schon die Lichter, © Peter Hammer Verlag, Wuppertal, 1986.

Alle Bibelstellen sind der Lutherbibel, revidierter Text 1984, entnommen. Der Abdruck erfolgt mit freundlicher Genehmigung der Deutschen Bibelgesellschaft, Stuttgart.